学科阅读推广工程

语文了得 ②

张伟忠 主编

本册主编：孙善利　孔令军
编写人员：尚艳艳　戚焕祥　孟范亮
　　　　　刘敏俊　周庆亮　王兴芳
　　　　　彭海军

山东城市出版传媒集团·济南出版社

以阅读拓展语文课堂　用阅读提升学科素养
（代序）

"腹有诗书气自华"。阅读，给人的精神提供滋养，使人的生活更加充实。阅读，不仅要有所喜好，更要有所选择，才能为靓丽幸福的人生筑基。

教材和课堂，给你们奠定了扎实的基础。但是语文世界还有更开阔的视野，需要用更丰盈的心灵、更智慧的头脑去感悟。

近年来，着眼于学生发展核心素养的学科阅读越来越受到重视。以教材为起点，引入丰富的相关文本，拉近课堂与课外的距离，拉近阅读与学习的距离，能使课堂变得更有张力和活力，形成对课程的深度学习，培养学科思维能力，提升学科综合素养，并进一步拓宽学科视野与探究能力。

在此趋势下，我们组织力量，深入调查研究，认真总结分析，反思教材，反思教学，编写了这套《语文来了》。目的是通过彰显语文生命活力，进一步激发学习语文的兴趣，丰富语言文字积累，培养优秀思维品质，积淀深厚文化底蕴。这里有丰富多彩的文学选篇，有别开生面的课文解读，有名家读写的经验之谈，有妙趣横生的语言故事，更有高端大气的文学史知识。

阅读之于语文，无疑是最重要的学习途径。在阅读中，我们的思维过程能触及语文思维能力和学科素养的方方面面。可以这么说，以阅读来体味语文，用阅读提升素养，是走进语文课堂的捷径。

苏霍姆林斯基曾说过："让学生变聪明的方法，不是补课，不是增加作业量，而是阅读，阅读，再阅读。"同学们，我们真诚地期盼，你们能从这套《语文来了》的阅读中，感受到语文学科的丰富多彩、生动有趣、有血有肉，让你们的语文学习之旅走得更有效、更坚实、更宽广。

目 录

一 高山仰止 ·· 001

[主题阅读] ·· 001
顾维钧：从惊讶开始，以赞美告终 ·· 001
也说萧红 ·· 003

[含英咀华] ·· 004
孙权是怎样劝学的 ·· 004
《说和做》解读 ·· 006

[读写津梁] ·· 007
论读书（节选） ·· 007

[文史广角] ·· 009
怎样读《资治通鉴》（节选） ··· 009

[趣味语文] ·· 012
赵元任：多"好玩儿"的语言 ·· 012
以讹传讹的成语 ·· 013
语言品析三要点 ·· 015

二 家国天下 ·· 019

[主题阅读] ·· 019
柏林之围 ·· 019
祖国啊，我亲爱的祖国 ··· 025

[含英咀华] ·· 026
《黄河颂》赏析 ·· 026

[读写津梁] ……………………………………… 029
　论写作（节选） ……………………………… 029
[文史广角] ……………………………………… 032
　都德的文学创作 ……………………………… 032
　南北朝民歌的特点 …………………………… 034
[趣味语文] ……………………………………… 036
　对联趣闻 ……………………………………… 036
　古人"名"外有"字" ……………………… 037

三　世相百态 ……………………………………… 039
[主题阅读] ……………………………………… 039
　良　宵（节选） ……………………………… 039
　泥兴荷花壶 …………………………………… 044
[含英咀华] ……………………………………… 047
　《阿长与〈山海经〉》的人物描写 ………… 047
　《台阶》中的父亲 …………………………… 049
[读写津梁] ……………………………………… 051
　论自学与读书 ………………………………… 051
[文史广角] ……………………………………… 054
　杨绛这一百年（节选） ……………………… 054
　欧阳修及其文学成就 ………………………… 057
[趣味语文] ……………………………………… 059
　药名入诗韵味浓 ……………………………… 059
　古人的"苦吟" ……………………………… 060

四　光彩人生 ……………………………………… 062
[主题阅读] ……………………………………… 062
　叶圣陶与张中行 ……………………………… 062

桑荫街
——忆初进佤山 …………………………… 065
[含英咀华] ……………………………………… 069
《陋室铭》赏析 ………………………………… 069
《爱莲说》赏析 ………………………………… 071
[读写津梁] ……………………………………… 073
书的征服 ………………………………………… 073
作家要铸炼语言 ………………………………… 074
[文史广角] ……………………………………… 077
梁启超的文学改良主张 ………………………… 077
独树一帜的唐宋散文 …………………………… 079
[趣味语文] ……………………………………… 080
古人玩儿字 ……………………………………… 080

五　品味诗情 …………………………………… 082

[主题阅读] ……………………………………… 082
西北三绿 ………………………………………… 082
麦　天 …………………………………………… 087
[含英咀华] ……………………………………… 089
《紫藤萝瀑布》赏析 …………………………… 089
岱宗夫如何 ……………………………………… 091
[读写津梁] ……………………………………… 093
闲话读书 ………………………………………… 093
说作文 …………………………………………… 096
[文史广角] ……………………………………… 098
普希金对于俄罗斯文学的意义 ………………… 098
龚自珍的"名士气" …………………………… 100
[趣味语文] ……………………………………… 102
三人同钓寒江雪 ………………………………… 102

修改文章真用刀吗？ ………… 104

六 跨越时空 ………… 105

[主题阅读] ………… 105
红旗插上珠穆朗玛峰（节选）………… 105
我忘了什么 ………… 110

[含英咀华] ………… 113
《伟大的悲剧》为什么感人 ………… 113

[读写津梁] ………… 115
我的读书经验 ………… 115
我为什么写作 ………… 118

[文史广角] ………… 120
中国科幻小说简史 ………… 120
纪晓岚与《四库全书》………… 123

[趣味语文] ………… 126
《诗经》中的情人节 ………… 126
古人的外号 ………… 128

七 经典之光 ………… 130

[经典导读] ………… 130
《道德经》………… 130

[名著荐读] ………… 136
丹尼尔·笛福：《鲁滨孙漂流记》………… 136
曹文轩：《草房子》………… 140

一 高山仰止

历史潮流滚滚向前,总有弄潮儿站立潮头。他们或经国治世,或引领生活,其德行与才华足可为后人高标。我们认真阅读他们,从他们身上追望时代的背影、汲取前行的动力、丰盈饥渴的心灵。

主题阅读

顾维钧:从惊讶开始,以赞美告终

顾维钧

对于一个24岁获得美国哥伦比亚大学博士学位、27岁成为驻美国公使、34岁出任外交部部长的人来说,除了用"光芒四射"形容,你还能说什么?

《联合国宪章》上签署的第一个名字,是三个汉字:"顾维钧"。

1945年6月26日,在宪章签字仪式上,中国代表团因在发起国中按字母顺序列于首位,故代理宋子文担任首席代表的顾维钧第一个在《联合国宪章》上写下了自己的名字。

20世纪30年代,一家英国报纸的专栏作家曾提到这个熠熠生辉的名字,认为"中国很少有比顾维钧博士更堪作为典型的人了。平易近人,有修养,无比耐心和温文尔雅,没有哪一位西方世界的外交家在沉着与和蔼方面能够超过他"。

著名学者温源宁写过一篇印象记,起首便是:"无论什么时候想起顾维钧博士,人们都会情不自禁地联想到光芒四射的星星。"

那是1934年,温源宁写道:"作为一名外交官,他的成就称得上辉煌,要加以逐一列举,人们将不得不从惊讶开始而以赞美告终……他以1912年5月出任内阁秘书开始其政治生涯直到如今,凡是外交官员梦寐以求的最高职位他都已经得到了:驻美国公使(1915~1920)、巴黎和会代表(1918~1919)、国联理事会中国代表、驻英国公使

（1920），并自1922年以后多次出任外交总长，而现在是驻法国公使。有一次，顾博士还做过几个月代理国务总理。"

50年后，温源宁在台湾去世之前，如果他还记得自己当年这篇充满"溢美之词"的小文的话，他也许会微笑。因为顾维钧比温源宁文中所写的更加"光芒四射"，他经历了更多的大事件，也得到过更多的高职位。

再后一年，顾维钧在纽约逝世。《纽约时报》《华盛顿邮报》载文表示哀悼，中国常驻联合国代表、驻纽约总领事前往吊唁。

温源宁笔下让人"从惊讶开始以赞美告终"的顾氏履历还需要加上：中国驻外使节升格后，担任驻法、英、美等国大使；1945年出席旧金山会议，参与起草和签署《联合国宪章》；1957年后担任海牙国际法庭法官、副庭长，直至1967年退休；晚年完成13大卷、五百余万字的《顾维钧回忆录》。

温源宁说："他的朋友和敌人全都会承认，在国外代表中国利益的中国外交官中，再也不可能有比顾博士更好的了……出席巴黎和会时，顾博士已由是中国权益既有尊严又有才干的捍卫者而闻名于世。"

年方而立的顾维钧在参加巴黎和会的中国代表团中，位居后进。但当需要向和会最高机构"十人会"报告山东问题时，他的前辈们由于种种原因，或者拒绝出席，或者拒绝发言，是顾维钧勇于任事，出面侃侃而谈，痛陈山东问题的由来以及中国的态度，并从国际法的角度雄辩论证了山东当归还作为战胜国的中国。

这场精彩发言成为和会当天的头条新闻。发言刚一结束，美国总统威尔逊、国务卿蓝辛，英国首相劳合·乔治、外务大臣贝尔福纷纷向他表示祝贺。

随后，顾维钧在和会上展开穿梭外交，希望能争取到对于中国最有利的结果。然而，最终在无望的情况下，中国代表团拒签和约。而根据外交史学者的研究，"此时独力支撑代表团的顾维钧对拒签和约的最终实现起了决定性的作用"。

从踏入外交界那天起，顾维钧的杰出表现一直证明着他的母校哥伦比亚大学校长对他的评价——他是"办学有史以来最有才华的学生"。

今天，图书馆里，灰蓝色封皮的《顾维钧回忆录》摆放得整整齐齐，积了一层薄薄的灰，显然少有人问津。这个人，已经成为一段传奇，不知能否成为一笔财富？

（作者：徐百柯；选自《民国风度》）

赏析

"这个人,已经成为一段传奇,不知能否成为一笔财富?"结尾一句,引人思考。顾维钧的才华和他对国家民族的贡献,理应不被尘封,它应该化为我们建设现代化国家、实现民族复兴的精神财富。文章不过多陈述细节,而是从他职位的升迁中折射他的年少有为、才华横溢,从名家的评价、政要的赞赏中折射他"光芒四射"的价值。

也说萧红

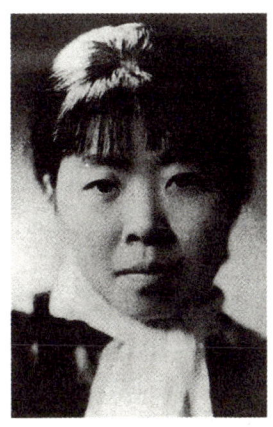

萧 红

几乎是一口气读完了《呼兰河传》和《漂泊者萧红》。萧红,美丽寂寞的女子,如呼兰河土墙木篱边的蓝色牵牛花,寂寞而短促地绽放,开出了她的黄金时代。

萧红短暂的一生,亦是苦难的一生。她出生于保守落后的北方小城呼兰河。天性的驱使,自由的召唤,使她要走出,去往那未知的远方。她的叛逆、抗婚,极大地激怒了她的父亲,为此父女决裂,直至终生不得和解。她尝到了鸟儿自由飞翔的畅快,是真正的"五四的女儿",可是残酷的现实像皮鞭一样地抽打她。在那样的社会背景下,如何生存下去,成了第一要务。她当然不会选择回去,但却委身于当初抗婚的对象王恩甲。这一选择,有王的虚情假意的欺骗成分,但也有萧红柔弱的一面。当然我们也不应该苛求一个20岁的女孩子有多么高的觉悟和多么强大的力量。

毕竟她还遇到了萧军。在她怀有身孕被困旅馆的时候,萧军出现了,上演了一段英雄救美的故事,开启了美丽的爱情。于是,她全身心地投入到这场爱恋之中。他们一起创作,认识了鲁迅,进而在文坛崭露头角。本应该是志同道合,伉俪情深,在文坛留下更多佳话,可是萧军屡次背叛于她。她的心在哭泣,但她选择了沉默,最终与萧军分道扬镳。

和端木蕻良在一起,则是另一个问题的开始。她当然不爱端木蕻良,但是她需要被爱。可几次在关键时刻,端木丢下萧红离去,不由不为萧红哀叹,叹她识错了人。但是,在那个社会里,人们的思想意识里是不能接受萧红这样的人的。于是她把自己包裹起来,独自啜饮孤独。

她没有了家乡,没有了真正属于自己的朋友,始终游离于文艺圈的边缘。因此孤独寂寞的萧红对鲁迅先生的情感也就好理解了。因为鲁迅真是待她为青年朋友,呵护她,照顾她,让她找到了少年时被爷爷疼爱的感觉。鲁迅先生的死,让她痛失精神的依靠,她再没有可以依靠的人了。

到此,写作成了她唯一的精神支柱,家乡呼兰河成了她创作的源泉,她写的都是底层社会的人和事。她完全以自身的感受去写,她写自己熟悉的生活,写小人物的愚昧和悲哀,用诗化的语言,叙述东北家乡风物,揭示社会现实。她的创作超越了阶级,站到了人性的高度,而艺术作品唯有真正关注人性这一永恒主题,才能发出恒久的光芒。

萧红一生追求自由,渴望幸福,命运却没有眷顾她,她31岁便客死香港。她的死不是天妒英才,真真是人祸使之。她受尽了饥寒交迫、贫病交加、被爱所伤、被人遗弃、遭人冷眼等等人世间所有的苦。身体和精神的苦痛,合力剥夺了这个本应该充满活力的东北女孩的健康,直至生命终结。

苦难造就英才。萧红短短的十余年创作生涯,为世间留下了这么多好作品,不消说是难能可贵的。且以《呼兰河传》《生死场》《马伯乐》等为代表的一大批作品,可以称为现代文学史上不可多得的佳作。

萧红,一个美丽的女子,一个向往自由幸福的年轻生命,一个充满智慧灵光、感情细腻的女人,用她短暂的一生给了人们一个转瞬即逝的身影,也给了人们无限思索的空间。

(作者:徐亚丽;选自《保定日报》2017年9月2日)

赏析

在时代的旋涡里沉浮,饱经生活的磨难,饱受精神的戕害,却又始终不屈,且能在文学领域里独树一帜,奉献出现代文学史上不可多得的佳作,萧红的一生令人感慨唏嘘。文章紧紧抓住主人翁的特殊境遇和精神内核来写,言简意明,结构清晰。

含英咀华

孙权是怎样劝学的

《孙权劝学》是根据先前的史书改

写的。因先前的史书已有较详细的记载，而又无新的史料可以补充，所以文章是根据从略的原则对先前史书的有关记载进行改写的。文章篇幅小，虽极简略但剪裁精当，不仅保留了原文的精华和故事的完整性，而且以更精练的文笔突出了人物的风采，是一篇成功的改写之作。

该文以对话为主，其他内容均简说或不说。如对吕蒙的学习情况，仅以"蒙乃始就学"一句加以概括，至于他读了哪些书，又如何用功，则只字未提。后文中吕蒙二人的谈话，只用一句"与蒙论议"来交代，两人谈论的是什么话题，吕蒙的哪些见解让鲁肃起敬的都略去不写。详略的安排极其精当。除对话外的其他语言也非常简省。情节发展上，孙权的刻意劝学终使吕蒙就学，他就学后的渊博学识又使鲁肃惊叹，吕蒙又紧承其叹发出"士别三日，即更刮目相待"的自信之语，上下文衔接自然，前因后果，井然有序。

该文写的是吕蒙在孙权劝说下"乃始就学"。孙权劝学，先向吕蒙指出"学"的必要性，即因其"当涂掌事"的重要身份而"不可不学"；继而现身说法，指出"学"的可能性，使吕蒙无可推辞，"乃始就学"。从孙权的话中，既可以看出他的善劝，又可以

感到他对吕蒙的亲近、关心和期望，而又不失人主的身份。"卿今者才略，非复吴下阿蒙"，是情不自禁地赞叹，可见鲁肃十分惊奇的神态，以他眼中吕蒙变化之大、简直判若两人，表现吕蒙因"学"而使才略有了令人难以置信的惊人长进。需要指出的是，鲁肃不仅地位高于吕蒙，而且很有学识，由他说出这番话，更可表明吕蒙的长进确实非同一般。"士别三日，即更刮目相待，大兄何见事之晚乎？"是吕蒙对鲁肃赞叹的巧妙接应。从吕蒙的答话中可见吕蒙颇为自得的神态，吕蒙以当之无愧的坦然态度，表明自己才略长进之快、之大。孙权的话是认真相劝，鲁肃、吕蒙的话则有调侃的意味，二者的情调是不同的。其才略很快就有惊人的长进而令鲁肃叹服并与之"结友"的故事，说明了人只要肯学习就会有长进，突出了学习的重要性。

读书使吕蒙的言谈大有智慧，所以鲁肃的语气重在惊叹："卿今者才略，非复吴下阿蒙！"吕蒙也仅说了一句话："士别三日，即更刮目相待，大兄何见事之晚乎！"话中既有对鲁肃大惊小怪的不以为然，更有一种书中多阅历、胸中有丘壑的自信，令人油然而生一种敬羡之情。吕蒙读书的功效是通过鲁肃的与吕蒙的对话，从侧面展现出来

的,他的惊叹衬托出了吕蒙今非昔比的事实。而话中的"吴下阿蒙"又将吕蒙的过去与现在进行了一个纵向的对比,得出了"变"的结论,而吕蒙之"变"的核心正是"才略"的猛增。

(作者:李云)

《说和做》解读

这篇文章写得十分精粹,全文只有一千多字,就突出地表现了闻一多先生思想品格的最本质特征。精选的典型事例,精致严谨的结构,精练的诗一般的语言,精当的抒情性议论,使这篇文章充满了感人的力量。

1. 结构严谨。作者用闻一多先生的"说和做"总领全文,上半部分写闻一多先生"做了再说,做了不说",表现闻先生"学者的方面";后半部分写闻一多先生"说"了就"做",言行完全一致,表现闻先生"革命家的方面"。在上半部分与下半部分之间,用了总承上文和总起下文的句子,使衔接紧密,过渡自然。

2. 选材精当。作者所选材料,讲究典型性,能以少胜多。对作为"学者的方面",作者只选取了写作《唐诗杂论》《楚辞校补》《古典新义》三本书的情况加以表现;对作为"革命家的方面",则选取起稿政治传单、群众大会演说、参加游行示威这三件事作为例证。闻先生一生经历复杂,著作等身,可以记述的事很多很多。作者只从大量材料中选取了这六件事,就已经把闻一多先生的严谨刻苦的治学态度、无私无畏的斗争精神、澎湃执着的爱国热情、言行一致的高尚人格,都表现出来了。

3. 精于剪裁。对材料的使用,作者根据表现中心的需要,有取有舍,有繁有简。比如,闻先生的研究唐诗,作者并没有写他研读了哪些书籍,发掘了哪些新意等等,而是着重写他研究的目的和态度:"他想吃尽、消化尽我们中华民族几千年的文化史","他要给我们衰微的民族开一剂救济的文化药方",突出了闻先生的研究学问,目的是在于救国;"目不窥园,足不下楼""头发凌乱""睡得很少"这些细节,表现了闻先生的刻苦精神;"一个又一个大的四方竹纸本子,写满了密密麻麻的小楷,如群蚁排衙",则表现出闻一多先生一丝不苟的严谨态度。这样的剪裁,能有力地突出中心。从详略上说,研究唐诗,写得详细;而写作《楚辞校补》和《古典新义》两事,只用了一小段,不足一百字,强调"做"了"也没有说"的意思,表达的侧重点与前面又有不同。闻先生的"最后一次讲演"及其被害经过,是人们熟知的,作者就不再对事实经过做过多的记述,而只是反复强调"凶多吉少"的紧急形势,撷取"演讲"中最"慷慨淋漓"的"你们站出来"这一句话,描绘"昂首挺胸,长须飘飘"的从容姿态,从而突出了闻一多先生的大无畏革命精神。所有这些,都说明了作者在材料剪裁上的深厚功力。

（作者：余钱劲；选文有删节）

读写津梁

论读书（节选）

林语堂

口之于味,不可强同,不能因我之所嗜好以强人。先生不能以其所好强学生去读,父亲亦不得以其所好强儿子去读。所以书不可强读,强读必无效,反而有害,这是读书之第一义。有愚人请人开一张必读书目,硬着头皮咬着牙根去读,殊不知读书须求气质相合。人之气质各有不同,英人俗语所谓"在一人吃来是补品,在他人吃来是毒质"。因为听说某书是名著,因为要做通人,硬着头皮去读,结果必毫无所得。过后思之,如做一场噩梦。甚至终身视读书为畏途,提起书名来便头痛。萧伯纳说许多英国人终身不看莎士比亚,就是因为幼年塾师强迫背诵种下的恶果。许多人离校以后,终身不再看诗,不看历史,亦是旨趣未到而学校迫其必修所致。

所以读书不可勉强,因为学问思想是慢慢怀胎滋长出来的。其滋长自有滋长的道理,如草木之荣枯,河流之转向,各有其自然之势。逆势必无成就。树木的南枝遮荫,自会向北枝发展,否则枯槁以待毙。河流遇了矶石悬崖,也会转向,不是硬冲,只要顺势流下,总有流入东海之一日。世上无人人必读之书,只有在某时某地某种心境下不得不读之书。有你所应读,我所万不可读,有此时可读,彼时不可读。即使有必读之书,亦绝非此时此刻所必读。见解未到,必不可读,思想发育程度未到,亦不可读。孔子说五十可以学《易》,便是说四十五岁时尚不可读《易经》。刘知几少读古文《尚书》,挨打亦读不来，后听同学读《左传》，甚好之，求授《左传》，乃易成诵。《庄子》本是必读之书，然假使读《庄子》觉得索然无味，只好放弃，过了几年再读，对《庄子》感觉兴味，然后读《庄子》。对马克思感觉兴味，然后读马克思。

学者每为"苦学"或"困学"二字所误。读书成名的人，只有乐，没有苦。据说古人读书有追月法，刺股法，及丫头监读法，其实都是很笨。读书无兴味，昏昏欲睡，始拿锥子在股上刺一下，这是愚不可当。一人书本排在面前，有中外贤人向你说极精彩的话，尚且想睡觉，便应当去睡觉，刺股亦无益。叫丫头陪读，等打盹时唤醒你，已是下流，亦应去睡觉，不应读书。而且此法极不卫生。不睡觉，只有读坏身体，不会读出书的精彩来。若已读出书的精彩来，便不想睡觉，故无丫头唤醒之必要。刻苦耐劳，淬砺奋勉是应该的，但不应视读书为苦。视读书为苦，第一着已走了错路。天下读书成名的人皆以读书为乐；汝以为苦，彼却沉湎以为至乐。以我所知国文好的学生，都是偷看几百万言的《三国》《水浒》而来，绝不是一学年读五六十页文选，国文会读好的。试问在偷读《三国》《水浒》的人，读书有什么苦处？何尝算页数？好学的人，于书无所不窥，窥就是偷看。于书无所不偷看的人，大概学会成名。

有人读书必装腔作势，或嫌板凳太硬，或嫌光线太弱，这就是读书未入门，未觉兴味所致。有人做不出文章，怪房间冷，怪蚊子多，怪稿纸发光，怪马路上电车声音太嘈杂，其实都是因为文思不来，写一句，停一句。一人不好读书，总有种种理由。"春天不是读书天，夏日炎炎最好眠，等到秋来冬又至，不如等待到来年。"其实读书是四季咸宜。所谓"书淫"之人，无论何时何地可读书皆手不释卷，这样才成读书人样子。顾千里裸体读经，便是一例，即使暑气炎热，至非裸体不可，亦要读经。欧阳修在马上厕上皆可做文章，因为文思一来，非做不可，非必正襟危坐明窗净几才可做文章。一人要读书，则澡堂、马路、洋车上、厕上、图书馆、理发室，皆可读。

读书须有胆识，有眼光，有毅力。胆识二字拆不开，要有识，必敢有自己意见，即使一时与前人不同亦不妨。前人能说得我服，是前人是，前人不能服我，是前人非。人心之不同如其面，要脚踏实地，不可舍己从人。诗或好李，或好杜，文或好苏，或好韩，各人要凭良知，读其所好，然后所谓好，说得好的理由出来。或某名人文集，众人所称而你独恶之，则或系汝自己学力见识未到，或果然汝是而人非。学力未到，等过几年再读，若学力已到而汝是人非，则将来必发现与汝同情之人。刘知几少时读前后汉书，怪前书不应有《古今人表》，后书宜为更始立纪，当时闻者责以童子轻议前哲，乃"赧然自失，无辞以对"，后来偏偏发现张衡、范晔等，持见与之相同，此乃刘知几之读书胆识。因其读书皆得之襟腑，非人云亦云，所以能著成《史通》一书。如此读书，处处有我的真知灼见，得一分见解，是一分学问，除一种俗见，算一分进步，才不会落入圈套，满口滥调，一知半解，似是而非。

（作者：林语堂）

文史广角

怎样读《资治通鉴》（节选）

《资治通鉴》是300多万字的大书，怎么汲取精华？如何从今天的角度来体会它里面的这些思想智慧？

西方文明的源头是古希腊，古希腊代表人物是柏拉图。有人说："西方两千多年哲学都是柏拉图的注脚。"柏拉图讲学的地方叫阿卡德米，是科学院的意思，门口挂了个牌子，写着不懂数学就不要在我这儿念书。世界上近代第一个科学院是17世纪法王路易十四在巴黎建立的。18世纪初彼得大帝在圣彼得堡建立了俄罗斯科学院。因此科学，特别是自然科学，是西方文明的特征。

南亚、西亚、北非产生世界三大宗教：佛教、基督教、伊斯兰教。佛教的故乡在印度，基督教的故乡在耶路撒冷、以色列；除印度和以色列，南亚、西亚、北非几乎都是伊斯兰世界，这些个地方的文明是宗教学和神学的文明。

中华文明关注的是什么呢？最关注的是现实人生问题，子不语怪力乱神。希腊科学传到中国，被称为"淫技奇巧""怪力乱神"。"不知生，焉知死"，中国专门关注现实人生问题："修身齐家治国平天下""天下兴亡，匹夫有责""家事国事天下事，事事关心"。

你看人类的三大知识体系，人类的三个不同类型文明，像有分工一样，中国人最关注的是现实、家国问题，而《资治通鉴》恰恰就是告诉我们这些，

《资治通鉴》

是经典中的经典。我们过去肯定西方科技成就，肯定中东南亚的宗教成就，却对中国治国安邦方面的经验研究嗤之以鼻，这是不公平的。从秦始皇统一到辛亥革命2100年来，汉、唐、宋、明、清这五个朝代占1500年以上，这几个朝代动不动就两三百年，试想在交通落后的情况下，他们没有真本事，怎么能够轻易做得到？这是机制、机理上的原因，是需要我们探索的。《资治通鉴》就是这样一本书。

这部书先贤怎么看呢？宋元之际著名学者胡三省是专门研究《资治通鉴》的，他说"为人君而不知《通鉴》，则欲治而不知自治之源，恶乱而不知防乱之术"，当领导的不知道《资治通鉴》，你想治都不知道怎么治，有人作乱也不知道该怎么防；"为人臣而不知《通鉴》，则上无以事君，下无以治民"，一般干部不知道《资治通鉴》，则上不知该怎么与领导打交道，下不知如何治理百姓；"为人子而不知《通鉴》，则谋身必至于辱先，做事不足以垂后"，所以《资治通鉴》是适合所有人看的书。

其实，把《资治通鉴》讲得清楚、读得深入的是曾国藩和毛泽东，他们是文人但都能打仗。曾国藩给一个姓罗的年轻人写信，说："窃以为先哲经世之书，莫善于司马温公《资治通鉴》，其论古皆折中至当，开拓心胸；能穷物之理，执圣之权。"注意这两句话，是说一部书光讲道理固然好，如果还讲权变就更了不得了。正如"一国两制"，"一国"讲的是道理，"两制"就是讲权变。一个人只懂道理不懂权变就是纸上谈兵。权变就是讲事态情况变化时要因时制宜、因地制宜来加以解决。这本书不止有道理，还有权变，它就高级在这儿了。经典是讲道理，做人的道理，做事儿就要懂权变。你如果懂权变，看问题就比较客观了，就不会愤世嫉俗，就能找到解决问题的办法。很多干部兴家是因为他们的努力，败家则往往是管不住自己，或管不住家人。这本书也讲这个道理，所以我们说家国兴衰，国事、家事为什么成功，为什么失败，从这本书中我们能够吸取经验。

曾国藩的评价是很切道的。王夫之有本书叫《读通鉴论》，卷末《叙论四》中说我们读《通鉴》有三个境界：第一个是提升自己，可以自淑；第二个可以与人分享，诲人；第三个可以知道而乐。我想我们学习，不光学《通鉴》，学别的也应该是：自淑、诲人、知道而乐。

那么《资治通鉴》到底要告诉我们什么？精髓是什么呢？《资治通鉴》

在总结历代兴亡中，特别强调领导者的历史责任感、使命感，特别重视领导者的才能、素质和品质对家国兴衰的影响。我们今天说"天下兴亡，匹夫有责"，司马光则更强调的是领导者的责任，这本书主要是写给领导者看的。

司马光上书宋神宗：修心之要有三：仁、明、武；治国之要有三：用人、信赏、必罚。司马光说这就是《通鉴》的精髓，怎么理解呢？我们先讲修心之要。

修心之要，仁。《通鉴》是这么解释这句话的，修心之要是仁，"仁"是修政治、兴教育、育万物、养百姓。修政治，我们经常讲政治，古人也讲政治。胡耀邦抗战期间曾经问过毛泽东什么是政治，毛泽东是这样解释的：政治就是把你的人搞得多多的，把敌人的人搞得少少的。胡耀邦不明白，怎么把自己的人搞得多多的就是政治？毛泽东严肃起来说，你得告诉你的部下，为什么跟着你干，跟着你走，不跟别人走，你得给我一个理由，这就是政治。

举个例子。《通鉴》记载，刘备在诸葛亮之前，无处藏身，得了诸葛亮之后开疆拓土，建立自己的基业。诸葛亮有本事，他为什么跟着刘备干呢？三顾茅庐很重要，说明刘备有诚意，但是见了面以后你要干什么？刘备讲了一句话，"如今汉室将倾，奸臣窃国"，他的理由是光复汉室。那个时候天下姓刘，皇帝是汉献帝，曹操挟天子以令诸侯，被称为曹贼。所以刘备到荆州来，光复汉室就是他的政治方向、目标、愿景，他用这个理想鼓舞士气。"替天行道"就是宋江的政治，我们这帮强盗去抢钱，这不行，得有一个方向、目标、愿景，政治就是这个意思。人都是灵和肉的混合体，你必须满足他灵的这一面。还要有"养育"，养育是什么？育好，养好，得有实实在在的好处。不仅要养百姓，还要让百姓吃饱肚子，就是既要有脑袋还得有口袋，既要有意义还要有利益，这两个都有，人们才愿意跟你走。这里面一定要把政治、意义放在前面。假如在工作当中，只把物质放在前面，有奶就是娘，战争年代说不定就哗变了。在充分考虑员工物质利益的情况下，要把意义、价值、精神等放在前面，这是领导的艺术。如果什么都把利益放在前面，就完了。如果不讲利益，也不行。这两者谁在前谁在后是很重要的。这就是古人所讲的仁。明就是判断力，武就是决断力。

治国之要有三，用人、信赏、必罚。用人，指的是干部的任用；信赏、必罚，指的是激励约束机制。唐太宗说过，国家的大事就是赏和罚，赏当其劳，无功者知罪。制度要严明，没有制度治国治不成。最关键的还是用人，信赏、必罚是外在的治理手段，这些手段的交集点就是用人。如何用人、识人、治理国家，构成了司马光管理体系框架，这就是中国人的学问，治国当领导的学问。

（作者：张国刚，清华大学历史系教授、博士生导师。本文是一篇演讲稿）

趣味语文

赵元任：多"好玩儿"的语言

赵元任一生中最大的快乐，是到了世界任何地方，当地人都认他做"老乡"。

二战后，他到法国参加会议。在巴黎车站，他对行李员讲巴黎土语，对方听了，以为他是土生土长的巴黎人，于是感叹："你回来了啊，现在可不如从前了，巴黎穷了。"

后来，他到德国柏林，用带柏林口音的德语和当地人聊天。邻居一位老人对他说："上帝保佑，你躲过了这场灾难，平平安安地回来了。"

1920年，英国哲学家罗素来华巡回讲演，赵元任当翻译。每到一个地方，他都用当地的方言来翻译。他在途中向湖南人学长沙话，等到了长沙，已经能用当地话翻译了。讲演结束后，竟有人跑来和他攀老乡。

赵元任曾表演过口技"全国旅行"：从北京沿京汉路南下，经河北到山西、陕西，出潼关，由河南入两湖、四川、云贵，再从两广绕江西、福建到江苏、浙江、安徽，由山东过渤海湾入东三省，最后入山海关返京。这趟"旅行"，他一口气说了近一个小时，"走"遍大半个中国，每"到"一地，便用当地方言土话，介绍名胜古迹和土货特产。

这位被称为"中国语言学之父"的奇才，会说33种汉语方言，并精通多国语言。研究者称，赵先生掌握语言的能力非常惊人，因为他能迅速地穿透一种语言的声韵调系统，总结出一种方言乃至一种外语的规律。

他还被称为罕见的通才、一个"文艺复兴式的智者"。作为与梁启超、王国维、陈寅恪并称于世的清华国学研究院"四大导师"，语言学是他着力最深的领域，然而他同时还兼授物理、逻辑等课程。

他雅好音乐，曾专攻和声学与作曲法，会摆弄多种乐器，毕生都与钢琴为伴。他一生创作过一百多件音乐作品，包括声乐和器乐。他跟他的女儿们，凡有机会聚在一起，就组成一个家庭合唱团，分声部地练习演唱他的新作或旧作。难怪人们说，音乐是他生命的组成部分。

赵元任告诉女儿，自己研究语言学是为了"好玩儿"。在今人看来，淡淡一句"好玩儿"背后藏着颇多深意。世界上很多大学者研究某种现象或理论时，他们自己常常是为了好玩。"好玩者，不是功利主义，不是沽名钓誉，更不是哗众取宠，不是一本万利。"

赵元任曾编了一个极"好玩儿"的单音故事，以说明语音和文字的相对独立性。故事名为《施氏食狮史》，通篇只有"shi"一个音，写出来，人人可看懂，但如果只用口说，那就任何人也听不懂了："石室诗士施氏，嗜狮，誓食十狮。氏时时适市视狮。十时，适十狮适市。是时，适施氏适市。氏视是十狮，恃矢势，使是十狮逝世。氏拾是十狮尸，适石室。石室湿，氏使侍拭石室。石室拭，氏始试食十狮尸。食时，始识十狮尸，实十石狮尸。试释是事。"

语言学家陈原在回忆文章中写道："赵元任，赵元任，在我青少年时代，到处都是赵元任的影子。"少年时，他着迷于赵元任翻译的《阿丽思漫游奇境记》（这本是赵兴之所至偶一为之，却成就了一部儿童文学经典译作）。长大了，他想学"国语"，就用赵元任的《国语留声片课本》当老师。后来他迷上了音乐，迷上了赵元任的音乐朋友萧友梅介绍的贝多芬《欢乐颂》，也迷上了赵元任谱曲并亲自演唱的《教我如何不想她》。

20世纪20年代，赵元任为商务印书馆灌制留声片，以推广"国语"（即普通话）。有一则轶闻，难断真假，但颇可见赵氏当年的风光。赵元任夫妇到香港，上街购物时偏用国语。港人惯用英语和广东话，通晓国语的不多。他们碰上的一个店员，国语就很糟糕，无论赵元任怎么说他都弄不明白。赵无奈。谁知临出门，这位老兄却奉送他一句："我建议先生买一套国语留声片听听，你的国语实在太差劲了。"

赵元任问："那你说，谁的国语留声片最好？"

"自然是赵元任的最好了。"

赵夫人指着先生笑曰："他就是赵元任。"

店员愤愤："别开玩笑了！他的国语讲得这么差，怎么可能是赵元任？"

以讹传讹的成语

汉语成语，历史悠久，但在漫长的

演化过程中，一些成语被望文生义，以讹传讹，逐渐掩盖了本来面目，背离了原始意义。其中有些成语已经约定俗成，有些却是生吞活剥，令人费解。

逃之夭夭：本为"桃之夭夭"，形容艳丽盛开的桃花。源于《诗经·桃夭》："桃之夭夭，灼灼其华。"后来有人由"桃"想到谐音的"逃"，把"桃之夭夭"写为"逃之夭夭"，借作逃跑的诙谐说法。结果，"逃之夭夭"得到了公认，流传至今。

狗屁不通：最初的写法是"狗皮不通"。狗的表皮与其他动物不同，没有汗腺；炎炎酷夏，狗就借助舌头来散发体内的燥热。"狗皮不通"，就是指狗的身体这一特点而言。由于"皮"与"屁"谐音，对于文理不通的诗文或不明事理的人，以屁贬之。于是，人们就将错就错地把"狗皮不通"这个成语变成了"狗屁不通"。

昨日黄花：应为"明日黄花"，这个成语的出处，源自苏轼《九日次韵王巩》诗："相逢不用忙归去，明日黄花蝶也愁。"黄花，也就是菊花，原指重阳节过后逐渐萎谢的菊花，后多比喻过时的事物。或许有人觉得，"明日"哪能算过时，"昨日"才过时哩，便想当然地篡改成了"昨日黄花"。

两肋插刀：来历是秦叔宝为救朋友，染面涂须去登州冒充响马，路过两肋庄时，出现了三条岔道，一条路去历城，一条路去登州，一条路回家。他犹豫片刻，最终还是为朋友，视死如归去了登州。两肋庄岔道体现出秦琼的深重义气，被人们传为"两肋岔道，义气千秋"，因此有了"两肋岔道为朋友"的说法。但是年久日远，以讹传讹，人们都把两肋误认为肋骨，后来误传为"两肋插刀为朋友"。

无毒不丈夫：来源于"量小非君子，无度不丈夫"，原句体现了一份阳刚有力、胸怀坦荡的男子汉气魄，并运用了对仗修辞，可惜"度"为仄声字，犯了孤平，念着别扭，很容易读为平声字"毒"，对音律美感要求甚高的某些文人便把这句改为"无毒不丈夫"，常成为恶人作奸犯科、谋财害命的口头禅。

有眼不识金镶玉：本作"有眼不识荆山玉"，其典出于《韩非子·和氏》卞和献玉的故事。"荆山玉"指卞和在荆山发现的璞玉。至明代以后，这一俗语中的"荆山玉"一词在口语中渐渐地被发音相近的"金镶玉"所代替，"有眼不识金镶玉"一语就这样在民间流传开来。

舍不得孩子套不住狼：本作"舍不得鞋子套不住狼"，因为狼生性狡猾，且能奔善跑，要套到狼，就要翻山越岭，不怕跑路，不怕费鞋。因古人脚上穿的多是草鞋、布鞋，很不耐磨，如果舍不得费这一两双鞋子就很难捕到狼。谐音讹传为"舍不得孩子套不住狼"，不但让人触目惊心，而且与原义大相径庭了。

嫁鸡随鸡，嫁狗随狗：实际上，这一俗语原为"嫁乞随乞，嫁叟随叟"，意为一个女人即使嫁给乞丐和年龄大的老叟也要随其生活一辈子。后来这一俗话才转音成"嫁鸡随鸡，嫁狗随狗"。

三个臭皮匠，顶个诸葛亮：这句俗语的意思是说三个普通人的智慧，合起来要顶一个诸葛亮的智慧。其实，臭皮匠和诸葛亮是没有丝毫联系的，"皮匠"实际上是"裨将"的谐音。"裨将"在古代是指"副将"。这句俗语原是指三个副将的智慧合起来能顶一个诸葛亮。后来在流传的过程中，人们竟把"裨将"说为"皮匠"，成了"三个臭皮匠，顶个诸葛亮"了。

（作者：王祎乾）

语言品析三要点

解读文章内涵需要语言的品析，品析的前提是感受。从感受出发，发现语言的事实、价值、情感、思维，是阅读教学的基本任务。

具有品析价值的语言——从学生阅读感受的角度看——可以分为三个要点：

一、奇点

感受到文本语言的不一般、非惯常，此类语言在自己的阅读经验中匮乏或缺失，那就值得品析。

1. 奇简。按照自己的阅读经验，这个地方似乎应该用繁复的言语才能表达清楚，但文本却简略。

例1."念无与为乐者，遂至承天寺寻张怀民。怀民亦未寝，相与步于中庭。庭下如积水空明，水中藻、荇交横，盖竹柏影也。"（苏轼《记承天寺夜游》）

"我"去寻张怀民以交谈获得心理愉悦，似乎张怀民也和"我"有同样的期待，也在等着"我"。顺理成章，应该写出他们相见时的"为乐"，即言语交谈，即使没有交谈，也应该写出他们的心理活动，但文本只"相与步于中庭"一句了之，这就给品析留出了广阔的空间。

例2."天气愈冷了，我不知道柔石在那里有被褥不？我们是有的。洋铁碗可曾收到了没有？……但忽然得到一个可靠的消息，说柔石和其他二十三人，已于二月七日夜或八日晨，在龙华警备司令部被枪毙了,他的身上中了十弹。

原来如此!……"(鲁迅《为了忘却的记念》)

正在"我"惦记着柔石衣食冷暖的时候,却传来他被枪毙的消息,其中的震惊、悲伤、愤怒、无奈似乎应该用大量的篇幅来表达,但文本只有"原来如此"四个字,而且独立成段,值得我们认真品读。

2. 奇繁。按照自己的阅读经验,这个地方似乎应该用简要的言语就能表达清楚,但文本却言语繁复。

例1."扑的只一拳,正打在鼻子上,打得鲜血迸流,鼻子歪在半边,却便似开了个油酱铺,咸的、酸的、辣的一发都滚出来。郑屠挣不起来,那把尖刀也丢在一边,口里只叫:'打得好!'鲁达骂道:'直娘贼!还敢应口!'提起拳头来就眼眶际眉梢只一拳,打得眼棱缝裂,乌珠迸出,也似开了个彩帛铺,红的、黑的、绛的,都绽将出来。"(施耐庵《鲁提辖拳打镇关西》)

看上去似乎很简单的一个情景,"鲁提辖向着镇关西连打两拳"一句就可以说清楚了,但文本却用了那么多的语言,只有这样写才能把他惩治恶霸的"酣畅淋漓"情绪表达出来,值得品析。

例2."中华民国十五年三月二十五日,就是国立北京女子师范大学为十八日在段祺瑞执政府前遇害的刘和珍、杨德群两君开追悼会的那一天……"(鲁迅《记念刘和珍君》)

这里交代了开追悼会的时间,似乎用一个简短的句子就可以了,但作者用了长句,细细品味,你才能感受到压抑、悲痛的情绪。

3. 奇趣。似乎是我们生活中平淡无奇的一个物、一个人、一件事,文本却把它写得非常有趣味,值得品析。

例1."又留蚊于素帐中,徐喷以烟,使之冲烟而飞鸣,作青云白鹤观,果如鹤唳云端,为之怡然称快。"(沈复《童趣》)

蚊子我们见多了,文本却写它"冲烟而飞鸣""鹤唳云端",实在是远离我们读者生活的奇思妙想,值得品析。

例2."小山整个把济南围了个圈儿,只有北边缺着点口儿。这一圈小山在冬天特别可爱,好像是把济南放在一个小摇篮里,它们安静不动地低声地说:'你们放心吧,这儿准保暖和。'真的,济南的人们在冬天是面上含笑的。"(老舍《济南的冬天》)

在这里,自然的山有了人味,有了人情,成了济南人可以依靠的好朋友,值得品析。

4. 奇美。世界是美的，我们的学生常常疏于发现。作者发现了，写了出来，化成了美的语言，教师就应该引领学生去品析。

例1."桃树、杏树、梨树，你不让我，我不让你，都开满了花赶趟儿。红的像火，粉的像霞，白的像雪。花里带着甜味儿；闭了眼，树上仿佛已经满是桃儿、杏儿、梨儿。花下成千成百的蜜蜂嗡嗡地闹着，大小的蝴蝶飞来飞去。野花遍地是：杂样儿，有名字的，没名字的，散在草丛里，像眼睛，像星星，还眨呀眨的。"（朱自清《春》）

文字简洁而又铺排，五彩缤纷，运用了拟人、排比等修辞手法，把"美景"展示得满满当当，让读者可以领略到作者笔下春的盎然，值得细细品味。

例2."宝玉早已看见多了一个姊妹，便料定是林姑妈之女，忙来作揖。厮见毕归坐，细看形容，与众各别：两弯似蹙非蹙罥烟眉，一双似喜非喜含情目。态生两靥之愁，娇袭一身之病。泪光点点，娇喘微微。闲静时如姣花照水，行动处似弱柳扶风。心较比干多一窍，病如西子胜三分。"（曹雪芹《林黛玉进贾府》）

美人，美语，需要细细品味。

二、变点

在同一文本里面，相同或相近的词语和相同或相近的句子，其含义、结构等在不同的地方发生了微小的变化，就应该认真品析。

例1."'我在开花！'它们在笑。'我在开花！'它们嚷嚷。"（宗璞《紫藤萝瀑布》）

第一行"我在开花"后紧接着"它们在笑"，而第二行"我在开花"后紧接着的是"它们嚷嚷"，这就需要品析这种变化，把你不让我、我不让你的热闹情景体会出来。

例2."孔乙己喝过半碗酒，涨红的脸色渐渐复了原，旁人便又问道，'孔乙己，你当真认识字么？'孔乙己看着问他的人，显出不屑置辩的神气。他们便接着说道，'你怎的连半个秀才也捞不到呢？'孔乙己立刻显出颓唐不安模样，脸上笼上了一层灰色，嘴里说些话；这回可是全是之乎者也之类，一些不懂了。在这时候，众人也都哄笑起来：店内外充满了快活的空气。"（鲁迅《孔乙己》）

孔乙己面对两次问话，第一次是"显出不屑置辩"的神气，第二次是"显出颓唐不安模样，脸上笼了一层灰色"，品析变化，可以揣摩孔乙己的心理落差。

三、难点

文本中有许多涉及思想的高度、情感的深度的文字,需要认真品析。

例1."我到现在终于没有见——大约孔乙己的确死了。"(鲁迅《孔乙己》)

孔乙己死了,为什么还要用"大约""的确"这似乎矛盾的词语给"死"以限定呢?细细品味,我们才可以发现这个世界对孔乙己的漠视,可以发现"死"字的确切含义:孔乙己的肉体死了,封建科举制度死了,中国人的人心也死了!

例2."到了一处,我蹲下来,背起了我的母亲,妻子也蹲下来,背起了儿子。我的母亲虽然高大,然而很瘦,自然不算重;儿子虽然很胖,毕竟幼小,自然也轻。但我和妻子都是慢慢地,稳稳地,走得很仔细,好像我背上的同她背上的加起来,就是整个世界。"(莫怀戚《散步》)

难点在最后的"好像我背上的同她背上的加起来,就是整个世界"一句。这种感受是从哪里来的?细细品味,才能发现文本是在把小家扩而大之为大家,把我们小家的情感扩大而为我们的国家和民族的情感,甚至是整个人类的情感。换句话说,就是"让世界充满爱"。

(作者:孙善利)

二 家国天下

"家国同构"是中华传统文化中的大智慧。"家"即"国","国"也"家",国与家是紧密联系在一起的。爱国就是爱家,爱国就是爱自己。作为祖国的儿女,应该时刻准备做出自己的奉献。战争时代是这样,和平建设时代也应该是这样。

主题阅读

柏林之围

我们一边与韦医生沿着爱丽舍田园大道往回走,一边向被炮弹打得千疮百孔的墙壁、被机枪扫射得坑洼不平的人行道探究巴黎被围的历史。当我们快到明星广场的时候,医生停了下来,指着那些环绕着凯旋门的富丽堂皇的高楼大厦中的一幢,对我说:

"您看见那个阳台上关着的四扇窗子吗?八月初,也就是去年那个可怕的充满了风暴和灾难的八月,我被找去诊治一个突然中风的病人。他是儒弗上校,一个拿破仑

都 德

帝国时代的军人,在荣誉和爱国观念上是个老顽固。战争一开始,他就搬到爱丽舍来,住在一套有阳台的房间里。您猜是为什么?原来是为了参观我们的军队凯旋的仪式……这个可怜的老人!维桑堡惨败的消息传到他家时,他正离开饭桌。他在这张宣告失利的战报下方,一读到拿破仑的名字,就像遭到雷击似的倒在地下。

"我到那里的时候,这位老军人正直挺挺躺在房间的地毯上,满脸通红,表情迟钝,就像刚刚当头挨了一闷棍。他如果站起来,一定很高大;现在躺着,还显得很魁梧。他五官端正、漂亮,牙齿长得很美,有一头卷曲的白发,八十高龄看上去只有六十岁……他的孙女跪在他身边,泪流满面。她长得很像他,瞧他们在一起,可以说就像同一个模子铸出来的两枚希腊古币,只不过一枚很古老,带着泥土,边缘已经磨损,另一枚光彩夺目,洁净明亮,完全

保持着新铸出来的那种色泽与光洁。

"这女孩的痛苦使我很受感动。她是两代军人之后，父亲在麦克马洪元帅的参谋部服役，躺在她面前的这位魁梧的老人的形象，在她脑海里总引起另一个同样可怕的对于他父亲的联想。我尽最大的努力安慰她，但我心里并不存多大希望。我们碰到的是一种地地道道的严重的半身不遂，尤其是在八十岁得了这种病，是根本无法治好的。事实也正如此，整整三天，病人昏迷不醒，一动也不动……在这几天之内，又传来了雷舍芬战役失败的消息。您一定还记得消息是怎么传来的。直到那天傍晚，我们都以为是打了一个大胜仗，歼灭了两万普鲁士军队，还俘虏了普鲁士王太子……我不知道是由于什么奇迹、什么电流，那举国欢腾的声浪竟波及我们这位可怜的又聋又哑的病人，一直钻进了他那瘫痪症的幻觉里。总之，这天晚上，当我走近他的床边时，我看见的不是原来那个病人了。他两眼有神，舌头也不那么僵直了。他竟有了精神对我微笑，还结结巴巴说了两遍：

"'打……胜……了！'

"'是的，上校，打了个大胜仗！'

"我把麦克马洪元帅辉煌胜利的详细情况讲给他听的时候，发觉他的眉目舒展了开来，脸上的表情也明亮起来。

"我一走出房间，那个年轻的女孩正站在门边等着我，她面色苍白，呜咽地哭着。

"'他已经脱离生命危险了！'我握住她的双手安慰她。

"那个可怜的姑娘几乎没有勇气回答我。原来，雷舍芬战役的真实情况刚刚公布了，麦克马洪元帅逃跑，全军覆没……我和她惊恐失措地互相看着。她因担心自己的父亲而发愁，我呢，为那老祖父的病情而不安。毫无疑问，他再也受不了这个新的打击……那么，怎么办呢？……只能使他高高兴兴，让他保持着这个使他复活的幻想……不过，那就必须向他撒谎……

"'好吧，由我来对他撒谎！'这勇敢的姑娘自告奋勇对我说，她揩干眼泪，装出喜气洋洋的样子，走进祖父的房间。

"她所负担的这个任务可真艰难。头几天还好应付。这个老好人头脑还不十分健全，就像一个小孩似的任人哄骗。但是，随着健康日渐恢复，他的思路也日渐清晰。这就必须向他讲清楚双方军队如何活动，必须为他编造每天的战报。这个漂亮的小姑娘看起来真叫人可怜，她日夜伏在那张德国地图上，把一些小旗插来插去，努力编造出一场场辉煌的战役；一会儿是巴赞元帅向柏林进军，一会儿是弗鲁瓦萨尔将军攻抵巴伐利亚，一会儿是麦克马洪元帅挥戈挺进波罗的海海滨地区。为了编造得活灵活现，她总是要征求我的意见，而我也尽可能地帮助她；但是，在这一场虚构的进攻战里，给我们帮助最大的，还是老祖父本人。要知道，他在拿破仑帝国时期已经在德国征战过那么多次啊！对方的任何军事行动，他预先都知道：'现在，他们要向这里前进……你瞧，他们就要这样行动了……'结果，他的预见都毫无例外地实现了，这当然免不了使他有些得意。

"不幸的是，尽管我们攻克了不少城市，打了不少胜仗，但总是跟不上他的胃口，这老头简直是贪得无厌……每天我一到他家，准会听到一个新的军事胜利：

"'大夫，我们又打下美央斯了！'那年轻的姑娘迎着我这样说，脸上带着苦笑，这时，我隔着门听见房间里一个愉快的声音对我高声喊道：

"'好得很，好得很……八天之内我们就要打进柏林了！'

"其实，普鲁士军队离巴黎只有八天的路程……起初我们商量着把他转移到外省去；但是，只要一出门，法兰西的真实情况就会使他明白一切。我认为他身体太衰弱，精神上受到沉重打击所引起的中风还很严重，不能让他了解真实的情况。于是，我们决定还是让他留在巴黎。

"巴黎被围的第一天，我去到他家。我记得，那天我很激动，心里惶恐不安。当时，巴黎所有的城门都已关闭，敌人兵临城下，国界已经缩小到郊区，人人都感到恐慌。我进去的时候，这个老好人正坐在自己的床上，兴高采烈地对我说：

"'嘿！围城总算开始了！'

"我惊愕地望着他：

"'怎么，上校，您知道了？……'

"他的孙女赶快转身对我说：

"'是啊！大夫……这是好消息，围攻柏林已经开始了！'

"她一边说这话，一边做针线活，动作是那么从容、镇静……老人又怎么会产生怀疑呢？屠杀的大炮声他是听不见的。被搅得天翻地覆、灾难深重的不幸的巴黎城，他是看不见的。他从床上所能看到的，只有凯旋门的一角，而且，在他房间里，周围摆设着一大堆破旧的拿破仑帝国时期的遗物，有效地维持着他的种种幻想。拿破仑手下元帅们的画像，描绘战争的木刻，罗马王婴孩时期的画片；还有镶着镂花铜饰的高大的长条案，上面陈列着帝国的遗物，什么徽章啦，小铜像啦，玻璃圆罩下的圣赫勒拿岛上的岩石啦，还有一些小画像，画的都是同一位头发卷曲、眉目有神的贵妇人，她穿着跳舞的衣裙、黄色的长袍，袖管肥大而袖口紧束——所有这一切，长条案，罗马王，元帅们，黄袍夫人，那位身材修长、腰带高束、具有1806年人们所喜爱的端庄风度的黄袍夫人……构成了一种充满胜利和征服的气氛，比起我们向他——善良的上校啊——撒的谎更加有力，使他那么天真地相信法国军队正在围攻柏林。

"从这一天起，我们的军事行动就大大简化了。攻克柏林，这只是一个时间问题。过了一些时候，只要这老人等得不耐烦了，我们就读一封他儿子的来信给他听，当然，信是假造的，因为巴黎已经被围得水泄不通，而且，早在色当大败以后，麦克马洪元帅的参谋部就已经被俘，押送到德国某一个要塞去了。您可以想象，这个可怜的女孩多么痛苦，她得不到父亲的半点音讯，只知道他已经被俘，被剥夺了一切，也许还在生病，而她却不得不假装他的口气写出一封封兴高采烈的来信；当然信都是短短的，一个在被征服的国家不断胜利前进的军人只能写这样短的信。有时候，她实在坚持不下去了，于是好几个星期都没有来信。这位老人可就着急

了，睡不着了。于是很快又从德国来了一封信，她来到他床前，忍住眼泪，装出高高兴兴的样子念给他听。老人一本正经地听着，一会儿心领神会地微笑，一会儿点头赞许，一会儿又提出批评，还对信上讲得不清楚的地方给我们加以解释。但他特别高贵的地方，是表现在他给儿子的回信中。他说：'你永远不要忘记自己是法国人……对那些可怜的人要宽大为怀，不要使他们感到我们的占领是令人难以忍受的……'信中全是没完没了的叮嘱，关于要保护私有财产啦，要尊重妇女啦等等一大堆令人钦佩的车轱辘话，总而言之，是一部专为征服者备用的地地道道的军人荣誉手册。有时，他也在信中夹杂一些对政治的一般看法以及媾和的条件。在这个问题上，我应该说，他的条件并不苛刻：'只要战争赔款，别的什么都不要……把他们的省份割过来有什么用呢？难道我们能把德意志变成法兰西吗？……'

"他口授这些话的时候，语气是很坚决的，可以感到他的话里充满了天真的感情，他这种高尚的爱国心听起来不能不使人深受感动。

"这期间，包围圈愈来愈紧，唉，不过并不是柏林之围！……那时正是严寒季节，大炮不断轰击，瘟疫流行，饥馑逼人。但是，幸亏我们精心照料，无

微不至，老人的静养总算一刻也没有受到侵扰。直到最困难的时候，我都有办法给他弄到白面包和新鲜肉。当然这些食物只有他才吃得上。您很难想象还有什么比这位老祖父就餐的情景更使人感动的了，自私自利地享受着而又被蒙在鼓里：他坐在床上，红光满面，笑嘻嘻的，胸前围着餐巾；因为饮食不足而脸色苍白的小孙女坐在他身边，扶着他的手，帮助他喝汤，帮助他吃那些别人都吃不上的好食物。饭后，老人精神十足，房间里暖和和的，外面刮着寒冷的北风，雪花在窗前飞舞，这位老军人回忆起他在北方参加过的战役，于是，又向我们第一百次讲起那次倒霉的从俄罗斯的撤退，那时，他们只有冰冻的饼干和马肉可吃。

"'你能体会到吗？小家伙，我们那时只能吃上马肉！'

"我相信他的孙女是深有体会的。这两个月来，她除了马肉外没有吃过别的东西……但是，一天天过去了，随着老人日渐恢复健康，我们对他的照顾愈来愈困难了。过去，他感觉迟钝、四肢麻痹，便于我们把他蒙在鼓里，现在情况开始变化了。已经有那么两三次，玛约门前可怕的排炮声惊得他跳了起来，他像猎犬一样竖起耳朵；我们就不得不编造说，巴赞元帅在柏林城下又取得了决定性的胜利，刚才是荣军院鸣炮表示庆祝。又有一天，我们把他的床推到窗口，我想那天正是发生了布森瓦血战的星期四，他一下就清清楚楚看见了在林荫道上集合的国民自卫队。

"'这是什么军队？'他问道。接着我们听见他嘴里轻声抱怨：

"'服装太不整齐，服装太不整齐！'

"他没有再说别的话；但是，我们立刻明白了，以后可得特别小心。不幸的是，我们还小心得不够。

"一天晚上，我到他家的时候，那女孩神色仓皇地迎着我：

"'明天他们就进城了！'她对我说。

"老祖父的房门当时是否开着？反正，我现在回想起来，经我们这么一说，那天晚上老人的神色的确有些特别。也许，他当时听见了我们的谈话。只不过我们谈的是普鲁士军队；而这个好心人想的是法国军队，以为是他等待已久的凯旋仪式——麦克马洪元帅在鲜花簇拥、鼓乐高奏之下，沿着林荫大道走过来，他的儿子走在元帅的旁边；他自己则站在阳台上，整整齐齐穿着军服，就像当年在鲁镇那样，向遍布弹痕的国旗和被硝烟熏黑了的鹰旗致敬……

"可怜的儒弗老头！他一定是以为我们为了不让他过分激动而要阻止他观看我们军队的凯旋游行，所以他跟谁也不谈这件事；但第二天早晨，正当普鲁士军队小心翼翼地沿着从玛约门到杜伊勒利宫的那条马路前进的时候，楼上那扇窗子慢慢打开了，上校出现在阳台上，头顶军盔，腰挎马刀，穿着米约手下老骑兵的光荣而古老的军装。我现在还弄不明白，是一种什么意志、一种什么突如其来的生命力使他能够站了起来，并穿戴得这样齐全。反正千真万确他是站在那里，就在栏杆的后面，他很诧异马路是那么空旷、那么寂静，每一家的百叶窗都关得紧紧的，巴黎一片凄凉，就像港口的传染病隔离所，到处都挂着旗子，但是旗子是那么古怪，全是白的，上面还带有红十字，而且，没有一个人出来欢迎我们的队伍。

"霎时间，他以为自己是弄错了……

"但不！在那边，就在凯旋门的后面，有一片听不清楚的嘈杂声，在初升的太阳下，一支黑压压的队伍开过来了……慢慢地，军盔上的尖顶在闪闪发光，耶拿的小铜鼓也敲起来了，在凯旋门下，响起了舒伯特的胜利进行曲，还有列队笨重的步伐声和军刀的撞击声伴随着乐曲的节奏！……

"于是，在广场上一片凄凉的寂静中，听见一声喊叫，一声惨厉的喊叫：'快拿武器……快拿武器……普鲁士人。'这时，前哨部队的头四个骑兵可以看见在高处阳台上，有一个身材高大的老人挥着手臂，踉踉跄跄，最后全身笔直地倒了下去。这一次，儒弗上校可真的死了。"

（作者：都德）

赏析

《柏林之围》是都德的另一个短篇名作。小说以1870年的普法战争为背景，叙述普鲁士军队围攻巴黎期间，一个法国普通军人儒弗上校的爱国故事，塑造了一个具有浓厚爱国主义精神的法兰西军人的悲壮形象。小说构思新颖，原本的"巴黎之围"，却被定名为"柏林之围"。情节安排巧妙，通过一个病中的老军人故事，将巴黎被普鲁士围困攻陷的苦难现实与主人公想象中的法军攻克柏林的胜利对照起来，既深刻表现了人物的强烈爱国主义情感，又使小说具有一种动人的悲剧色彩。风格委婉细腻，语言质朴无华，篇幅短小精悍，也是这篇小说的艺术特色。从艺术的巧妙性和思想的深刻上看，小说都堪称世界短篇小说之林中的爱国主义名篇。

祖国啊,我亲爱的祖国

我是你河边上破旧的老水车,
数百年来纺着疲惫的歌;
我是你额上熏黑的矿灯,
照你在历史的隧洞里蜗行摸索;
我是干瘪的稻穗;是失修的路基;
是淤滩上的驳船
把纤绳深深
　　勒进你的肩膊;
——祖国啊!

我是贫穷,
我是悲哀。
我是你祖祖辈辈
　　痛苦的希望啊,
是"飞天"袖间
千百年来未落到地面的花朵;
——祖国啊

我是你簇新的理想,
刚从神话的蛛网里挣脱;
我是你雪被下古莲的胚芽;
我是你挂着眼泪的笑涡;
我是新刷出的雪白的起跑线;
是绯红的黎明
　　正在喷薄;
——祖国啊

我是你十亿分之一,
是你九百六十万平方的总和;
你以伤痕累累的乳房
喂养了
迷惘的我、深思的我、沸腾的我;
那就从我的血肉之躯上
去取得
你的富饶、你的荣光、你的自由
——祖国啊
我亲爱的祖国!

（作者：舒婷）

为表达对祖国的赤子深情,诗人采用了由低沉缓慢走向高亢迅疾的节奏。低沉缓慢方能如泣如诉、似哀似怨;高亢迅疾才可热烈奔放、一往无前。为表达诗人对祖国的交融感与献身感,全诗运用了主体与客体交错换用、相互交融的手法,主体是诗人的"我",客体是"祖国",而在全诗的进展中,让其合二为一——我即是祖国,祖国也就是我。祖国是我的痛苦,我是祖国的悲哀;祖国是我的迷惘,我是祖国的希望;我是祖国的眼泪和笑涡,而祖国正在我的血肉之躯与心灵上起飞和奔跑。

含英咀华

《黄河颂》赏析

"朋友，你到过黄河吗？你渡过黄河吗？你还记得河上的船夫，拼着性命和惊涛骇浪搏战的情景吗？……"这是大型合唱歌曲《黄河大合唱》开始的配乐朗诵词。一句句热情深切的问话，伴随着壮阔、辽远的音乐，把我们引入抗日民族解放战争的激动人心的岁月。

冼星海　　　　光未然

1938年11月，武汉沦陷后，我国现代著名诗人光未然（即张光年）带领抗敌演剧三队，从陕西宜川县的壶口附近东渡黄河，转入吕梁山抗日根据地。途中亲临险峡急流、波涛汹涌的境地，目睹黄河船夫与狂风恶浪搏战的情景，聆听了高亢悠长、深沉有力的船夫号子。1939年1月抵达延安后，诗人一直酝酿着"黄河"的诗作。这年除夕的一个联欢会上，诗人朗诵了这部诗作。伟大的人民音乐家冼星海听了诗人的朗诵，异常兴奋，表示要为演剧队创作《黄河大合唱》。在延安一座简陋的窑洞里，他抱病连续写作六天，于同年3月31日完成了这部大型声乐名作。4月31日在延安陕北公学大礼堂举行首演，引起巨大反响。不久，《黄河大合唱》很快传遍中国各地。

《黄河大合唱》共八个乐章，即《黄河船夫曲》《黄河颂》《黄河之水天上来》《黄水谣》《河边对口唱》《黄河怨》《保卫黄河》《怒吼吧，黄河》。这八个乐章，或描绘船夫们与风浪搏斗的动人场面，或赞颂民族的精神和传统的文化，或控诉日本侵略者给中国人民带来的深重灾难，或表现中国人民奋起斗争而发出的胜利的呼喊。在表现形式上，各章歌词或是奔放热情的自由诗，或是优美雅致的散文诗，或具刚健朴素的民歌风，无不以丰富多彩的面貌形成有机统一的整体。作品以奔腾浩瀚的黄河为象征，表现中华民族深受屈辱而奋起抗争的伟大形象。

以上所述《黄河大合唱》的内容和格局以及创作经过，是我们欣赏《黄河颂》的大背景。《黄河颂》是《黄河大合唱》的第二乐章，为男高音或男中音独唱。

先看看"黄河颂"这个题目。冼

星海说过:"《黄河颂》是用'颂'的方法写的。"所谓"颂"在中国古代是诗歌的一种体裁。据《文心雕龙》的解释:"颂者,容也,所以美盛德而述形容也。""容告神明谓之颂","颂主告神"。可见"颂"这样一种体裁,是以庄严、隆重的形式,颂天子之德和赫赫武威的,是唱给神听的。但是,在《黄河颂》里,我们看到"颂"的内容已有了根本性的改变,它颂的是古老黄河的雄姿,是五千年的古国文化,是中华儿女坚强不屈的英雄气概,是发扬蹈厉的伟大民族精神。

全歌词的内容,自然形成三个部分,也即全篇的三大段。

在第一段,一开始便展示了主人公登高纵目的形象。这样开头,既借以起兴,又为全篇意境的壮阔、热情和深沉确立了基调。我们看到,这是一个登临于高山之巅的时代歌手的形象,"他代表着祖国英勇的儿女,歌颂着黄河,并要学着他的榜样,像他一样伟大、坚强"。这一段中,诗人以大全景式的画面描绘了黄河的雄姿。一个领字"望",有俯瞰之势,挺拔而辽阔。诗人不是静止地描绘黄河的景观,而是从大处落笔,巧妙地将隐喻手法运用其中,以"奔向""掀起""结成""劈成"几个响亮有力的词,一气贯通,将黄河从天而降、一泻千里的壮美景象作了宏大的描绘,展示了古老黄河的磅礴雄浑,恢宏壮观。历代状写黄河雄姿的名句甚多,比如"黄河落天走东海""君不见黄河之水天上来,奔流到海不复回"等等,尽在精练、概括中酿着诗意。《古今词论》引朱承爵的话说:"词家意象,与诗略有不同……长篇须曲致三折意,而气自流贯。"所谓"曲致三折意"。正是歌词的描述性的特点。这一段对黄河景象的各个侧面的描述,为音乐语言的描绘提供了充分想象、充分抒情的基础。冼星海的感情想象就是这样被激发起来的。

进入第二段,首句是"啊,黄河"的赞语,三字一顿,词笔跌宕,道出了无限感慨。从上下段关系看,这一句承接了前一段内容,又领起下文,并推进一步,由前一段的赞叹激起感叹。诗人一往情深,以驰骋的想象,缅怀了祖国的光辉灿烂的历史:

五千年的古国文化,从你这儿发源。多少英雄的故事,在你的身边扮演!

深沉的感叹,概括的点染。第二人称"你"的出现,更添亲近自然之感。从内涵上看,更是进入底蕴,揭示了黄河的伟大所在。一切理语皆情语。这些词句昭示我们:伟大祖国有着悠久的历史，有着光辉灿烂的文化传统；中华民族从来都是坚强不屈的，有着与敌人血战到底、夺取最后胜利的英雄气概。黄河，母亲之河，便是我们民族精神的象征。

啊，黄河！你是伟大坚强，像一个巨人出现在亚洲平原之上，用你那英雄的体魄筑成我们民族的屏障。

唯其伟大而崇高，更加昂扬而高亢。诗人于热烈的赞颂中，实现了对黄河的英雄形象的展示。

这里，由黄河的雄姿，追溯祖国的文化，由景物的铺写，进入对民族精神的颂扬，艺术构思向前发展了，词调笔锋也发生了转折。这正体现了歌词艺术的流贯和变化两大特性。流贯使主题单一、纯清；变化，则使内容丰富、生动。

第三段中，"啊，黄河"的赞语第三次出现，是歌手心潮的激烈迸发。从作用上看，将写景、抒情和议论结合，形成和谐、工巧但又纵横有力的结构美。接下来，歌词照应第一段的总写全景，再现了黄河的雄姿，同时，化实为虚，使母亲之河的深厚、博大的情怀得到升华。这是无限深情的臂膀，这是无限温暖的胸怀，与前段"摇篮"的比喻相呼应，母亲的形象美感大大增强，诗人的感情在母亲形象的激励下达到顶点，禁不住以呼喊的方式，表达出我们要做无愧于黄河的儿女、要像黄河那样具有伟大坚强的决心，以及要战胜一切艰难困苦的信念。

黄河巨人的形象，以其豪壮的气魄和不可摧毁的力量，激励着中华儿女勇往直前。《黄河颂》这篇作品的成功，正在于它深刻表现了当时全国人民的革命斗志和高涨的抗日情绪，表现了我国新民主主义革命时期的强烈的时代精神。

《黄河颂》的艺术力量，也来自于诗人所选择和创造的表现形式。全篇文采横溢，古风犹存，显示着一种独特的语体风格。诗人适当吸收了一些富于色彩、十分凝练的文言词语，造成语言的丰富多变，生动涵厚，从而形成宏伟、壮丽的艺术特色。这一点，跟感情内容上的崇仰古国文明、光大民族精神是和谐一致的。全篇的句式长度悬殊，短则三字，长则十七字。这种自由诗体的句式所产生的语言节奏，强烈而富于变化，自由而充分地表现了特定的感情内容。诗人向来重视音响效果和语言的节奏感、音乐美。《黄河颂》的语言，韵律响亮、节奏铿锵，朗诵起来，朗朗上口，极富音乐美。尤其独特的是，诗人巧妙地运用了双声叠韵词。由声母相同的两个音节构成的双声和由韵母相同的两音节构成的叠韵,是汉语独有的语音特点。本诗中,诸如澎湃、周遭、宛转、连环等双声叠韵词多达十来个。它们均匀流贯于全诗之中,遥遥相对,配合使用,造成了绘声绘形、美妙动听的特殊艺术效果。

(作者:一丁)

读写津梁

论写作(节选)

张爱玲

在中学读书的时候,先生向我们说:"做文章,开头一定要好,起头起得好,方才能够抓住读者的注意力。结尾一定也要好,收得好,方才有回味。"我们大家点头领会。她继续说道:"中间一定也要好——"还未说出所以然来,我们早已哄堂大笑。

然而今天,当我将一篇小说写完了,抄完了,看了又看,终于摇摇头撕毁了的时候,我想到那位教师的话,不由得悲从中来。

写作果然是一件苦事吗?写作不过是发表意见,说话也同样是发表意见,不见得写文章就比说话难。古时候,纸张笔墨未经发明,名贵的记录与训诲,用漆写在竹简上,手续极其累赘麻烦,人们难得有书面发表意见的机会,所以作风方面力求其简短含蓄,不许有一句废话。后来呢,有了纸,有了笔,可以一挥而就,废话就渐渐多了。到了现在,印刷事业发达,写文章更成了稀松平常的事,不必郑重出之。最近纸张缺乏,上海的情形又略有变化,执笔者不得不三思而后写了。

纸的问题不过是暂时的,基本问题还是:养成写作习惯的人,往往没有话找话说,而没有写作习惯的人,有话没处说。我并不是说有许多天才默默无闻地饿死在阁楼上。比较天才更为要紧的是普通人。一般地说来,活过半辈子的人,大都有一点真切的生活经验,一点独到的见解。他们从来没想到把它写下来,事过境迁,就此湮没了。也许是至理名言,也许仅仅是无足轻重的一句风趣的插诨,然而积少成多,究竟是我们文化遗产的一项损失。举个例子,我认识一位太太,是很平常的一位典型太太,她对于老年人的脱发有极其精微的观察。她说:"中国老太太从前往往秃头,现在不秃了。老太爷则反是,从前不秃,现在常有秃的。外国老太太不秃而老太爷秃。为什么呢?研究之下,得到如此的结论:旧时代的中国女人梳着太紧的发髻,将头发痛苦地往后拉着,所以易秃。男子以前没有戴帽的习惯,现在的中国男子与西方人一般地长年离不开帽子,戴帽于头发的与健康有碍,所以秃头的渐渐多了。然则外国女人也戴帽子,何以不秃呢?因为外国女人的帽子忽大忽小,忽而压在眉心,忽而钉在脑后,时时改变位置,所以不至于影响到头皮的青春活力。"

诸如此类,有许多值得一记的话,若是职业文人所说,我就不敢公然剽窃了,可是像他们不靠这个吃饭的,说过就算了,我就像捡垃圾一般的捡了回来。

职业文人病在"自我表现",表现得过度,以至于无病呻吟,普通人则表现得不够,闷得慌。年纪轻的时候,倒是敢说话,可是没有人理睬他。到了中年,在社会上有了地位,说出话来有相当分量,谁都乐意听他的,可是正在努力地学做人,一味地唯唯诺诺,出言吐语,切忌生冷,总拣那烂熟的,人云亦云。等到年纪大了,退休之后,比较不负责任,可以言论自由了,不幸老年人总是唠叨的居多,听得人不耐烦,任是入情入理的话,也当作耳边风。这是人生一大悲剧。

真是缺乏听众的人,可以去教书,在讲堂上海阔天空,由你发挥,谁打哈欠,扣谁的分数——再痛快也没有了。不得已而求其次,唯有请人吃饭,那人家就不能不委屈一点,听你大展鸿论,推断世界大战何时结束,或是追叙你当年可歌可泣的初恋。

《笑林广记》里有一个人,专好替人写扇子。这一天,看见朋友手摇百折扇,立刻夺过来要替他写。那朋友双膝跪下。他搀扶不迭道:"写一把扇子并不费事,何必行此大礼?"朋友道:"我不是求你写,我是求你别写。"

听说从前有些文人为人所忌,给他们钱叫他们别写,像我这样缺乏社会意识的,恐怕是享不得这种福了。

李笠翁在《闲情偶寄》里说:"场中作文,有倒骗主司入彀之法。开卷之初,当以奇句夺目,使之一见而惊,不敢弃去,此一法也。终篇之际,当以媚语摄魂,使之执卷留连,若难遽别,此一法也。"又要惊人、眩人,又要哄人、媚人、稳住了人,似乎是近于妾妇之道。由这一点出发,我们可以讨论讨论作者与读者的关系。西方有这么一句成语:"诗人向他自己说话,被世人偷听了去。"诗人之写诗,纯粹出于自然，脑子里决不能有旁人的存在。可是一方面我们的学校教育却极力地警告我们，作文的时候最忌自说自话，时时刻刻都得顾及读者的反应。这样究竟较为安全，除非我们确实知道自己是例外的旷世奇才。

要迎合读书的心理，办法不外这两条：（一）说人家所要说的；（二）说人家所要听的。

说人家所要说的，是代群众诉冤出气，弄得好，不难一唱百和。可是一般舆论对于左翼文学有一点常表不满，那就是"诊脉不开方"。逼急了，开个方子，不外乎阶级斗争的大屠杀。现在的知识分子之谈意识形态，正如某一时期的士大夫谈禅一般，不一定懂，可是人人会说，说得多而且精彩。女人很少有犯这毛病的，这可以说是"男人病"的一种，我在这里不打算多说了。

退一步想，专门描写生活困难吧。固然，大家都抱怨着这日子不容易过，可是你一味地说怎么苦怎么苦，还有更苦的人说："这算得了什么？"比较富裕的人也自感到不快，因为你堵住了他的嘴，使他无从诉苦了。

那么，说人家所要听的吧。大家愿意听些什么呢？越软性越好——换言之，越秽亵越好吗？这是一个很普通的错误观念。我们拿《红楼梦》与《金瓶梅》来打比方吧。抛开二者的文学价值不讲——大众的取舍并不是完全基于文学价值的——何以《红楼梦》比较通俗得多，只听见有熟读《红楼梦》的，而不大有熟读《金瓶梅》的？但看今日销路广的小说，家传户诵的也不是"香艳热情"的，而是那温婉、感伤，小市民道德的爱情故事。所以秽亵不秽亵这一层倒是不成问题的。

低级趣味不得与色情趣味混作一谈，可是在广大的人群中，低级趣味的存在是不可否认的事实。文章是写给大家看的，单靠一两个知音，你看我的，我看你的，究竟不行。要争取众多的读者，就得注意到群众兴趣范围的限制。

作者们感到曲高和寡的苦闷，有意地去迎合低级趣味。存心迎合低级趣味的人，多半是自处甚高，不把读者看在眼里，这就种下了失败的根。既不相信他们那一套，又要利用他们那一套为号召，结果是有他们的浅薄而没有他们的真挚。读者们不是傻子，很快地就觉得了。

要低级趣味，非得从里面打出来。我们不必把人我之间划上这么清楚的界限。我们自己也喜欢看张恨水的小说，也喜欢听明皇的秘史。将自己归入读者群中去，自然知道他们所要的是什么。要什么，就给他们什么，此外再多给他们一点别的——作者有什么可给的，就拿出来，用不着扭捏地说："恐怕这不是一般人所能接受的吧？"那不过是推诿。作者可以尽量给他所能给的，读者尽量拿他所能拿的。

像《红楼梦》，大多数人于一生之中总看过好几遍。就我自己说，八岁的时候第一次读到，只看见一点热闹，以后每隔三四年读一次，逐渐得到人物故事的轮廓、风格、笔触，每次的印象各各不同。现在再看，只看见人与人之间感应的烦恼。——个人的欣赏能力有限，而《红楼梦》永远是"要一奉十"的。

"要一奉十"不过是一种理想，一种标准，我们还是实际化一点，谈谈写小说的甘苦吧。小说，如果想引人哭，非得先把自己引哭了。若能够痛痛快快哭一场，倒又好了。无奈我所写的悲哀往往是属于"如匪浣衣"的一种。（拙作《倾城之恋》的背景即是取材于《柏舟》那首诗上的："……亦有兄弟，不可以据……忧心悄悄，愠于群小。觏闵既多，受侮不少。……日居月诸，胡迭而微？心之忧矣，如匪澣衣。静言思之，不能奋飞。""如匪澣衣"那一个譬喻，我尤其喜欢。堆在盆边的脏衣服的气味，恐怕不是男性读者们所能领略的吧？那种杂乱不洁的、壅塞的忧伤，

江南的人有一句话可以形容："心里很'雾数'。""雾数"二字，国语里似乎没有相等的名词。）

是个故事，就得有点戏剧性。戏剧就是冲突，就是磨难，就是麻烦。就连 P. G. Wodehouse 那样的滑稽小说，也得把主人翁一步一步诱入烦恼丛中，愈陷愈深，然后再把他弄出来。快乐这东西是缺乏兴味的——尤其是他人的快乐。所以没有一出戏能够用快乐为题材。像《浮生六记》，"闺房记乐"与"闲情记趣"是根本不便搬上舞台的，无怪话剧里的拍台拍凳自怨自艾的沈三白有点失了真。

写小说，是为自己制造愁烦。我写小说，每一篇总是写到某一个地方便觉得不能写下去了。尤其使我痛苦的是最近做的《年轻的时候》，刚刚吃力地越过了阻碍，正可以顺流而下，放手写去，故事已经完了。这又是不由得我自己做主的……人生恐怕就是这样的吧？生命即是麻烦，怕麻烦，不如死了好。麻烦刚刚完了，人也完了。

（作者：张爱玲）

文史广角

都德的文学创作

都德出生于法国南方尼姆城一个破

落的丝绸商人家庭，迫于穷困，15 岁起在小学里担任监学（类似自修课辅导员），独自谋生。

都德的父亲是个商人，母亲对于文学有特殊的爱好，酷爱读书，不善于料理生活。都德自幼聪颖过人。他很小的时候就练习写诗，而且注意观察生活。在里昂中学读书时，他经常到书店博览群书，涉猎广泛，扩大了知识视野。1855 年，父亲破产，家道中落，他被迫辍学自谋生路。他 15 岁就到阿雷小学校任自习辅导员。两年之后，在哥哥的帮助下带着诗作《女恋人》（1858）到巴黎，开始文艺创作。

1866 年散文和故事集《磨坊书札》的出版给他带来小说家的声誉。

《磨坊书札》发表两年后，都德的第一部长篇小说《小东西》（1868）出版。《小东西》半自传式地记叙了作者青少年时期因家道中落，不得不为生计而奔波的经历，以俏皮和幽默的笔调描绘资本主义社会人与人之间的冷酷关系。这部小说是都德的代表作，它集中表现了作者的艺术风格，不带恶意的讽刺和含蓄的感伤，也就是所谓含泪的微笑。因此，都德有法国的狄更斯之称。

后来，都德以战争生活为题材创作了不少爱国主义的短篇。1873 年他发表了著名短篇小说集《月曜日故事集》，其中大多数是以普法战争为背景的。其中的《最后一课》和《柏林之围》更由于具有深刻的爱国主义内容和精湛的艺术技巧是而享有极高的声誉，成为世界短篇小说中的杰作。

《最后一课》描写普法战争后被割让给普鲁士的阿尔萨斯省中的一所乡村小学，向祖国语言告别的最后一堂法语课，通过一个童稚无知的小学生的自叙，生动地表现了法国人民遭受异国统治的痛苦和对自己祖国的热爱。作品题材虽小，但精心剪裁，记叙详略得当，主题开掘得很深。小弗郎士的心理活动，描写得细腻动人。教师韩麦尔先生作为一个爱国知识分子的典型，形象栩栩如生。

小说以普鲁士战胜法国后强行兼并阿尔萨斯和洛林两省的事件为背景，通过一个小学生在上最后一堂法文课时的所见所闻与内心感受，深刻地表现法国人民深厚的爱国主义感情。都德的短篇小说具有委婉、曲折、富于暗示性的独特风格。1878 年、1896 年他又先后发表了《故事选》与《冬天故事》。但是同时，《最后一课》有明显偏袒法国之嫌，在 17 世纪，阿尔萨斯长期属于神圣罗马帝国，并且说德语，法国是通过三十年战争中的侵略性行为掠夺来的，普鲁士只是在收复失地，而不是侵略，这些在历史文献上是公认的。本文中却大肆美化法国的侵略行径，掩盖了历史事实，歪曲了普鲁士的形象。

普法战争以后是都德长篇小说的多产时期，他共创作了十二部长篇小说，其中较为著名的有讽刺资产阶级庸人的《达拉斯贡城的达达兰》（1872），揭露资产阶级家庭生活腐朽的《小弟弗罗蒙与长兄黎斯雷》（1874），以及刻画巧于钻营的资产阶级政客形象的《努马·卢梅斯当》（1881）、《萨芙》（《方妮》，1884）、《不朽者》（1888）等。都德是位多产作家，除著有大量小说外，他的剧本《阿莱城的姑娘》（1872）曾由法国音乐家谱成歌剧。

都德赞同左拉的自然主义创作论，但并不是无动于衷地描写现实。他的近百篇短篇小说，每篇一般两三千字，文笔简洁生动，题材丰富多彩，构思新颖巧妙，风格素雅清淡。

都德在文学理论上，对左拉的许多自然主义的创作观点表示赞同。但是，他在创作实践中，却并不是像科学家那样，在实验室里纯客观地记录人类的活动和无动于衷地描写社会现实。正像他自己所说的那样："我的故事只是借用拉·封丹的寓言，再把我自己的经历加进去罢了。"都德的作品都加进了自己的经历，我们可以从中看到他的欢乐、忧郁、愤怒和眼泪。他对当时法国资本主义腐朽没落的世态人情，做了幽默的嘲讽和温和的批判，作品的基本倾向是进步的。

他的创作倾向，总的说来，是对资本主义现实进行批判的。不过他的社会视野不够宽广，批判不够深刻，揭露的锋芒往往限于社会世态和人情习俗，而对资本主义制度下遭到不幸的普通人的同情则又近乎悲天悯人。他往往以自己熟悉的小人物为描写对象，以亲切的略带幽默的眼光观察他们。他的观察细致入微，善于从生活中挖掘某些有独特意味的东西，又以平易自然的风格加以表现，并把自己的感情深深注入字里行间。因此，他的作品往往带有一种柔和的诗意和动人的魅力。

（作者：贾一兵）

南北朝民歌的特点

由于南北朝长期处于对峙的局面，在政治、经济、文化以及民族风尚、自然环境等方面又存在着明显的差异，因而南北朝民歌也呈现出不同的情调与风格。南朝民歌清丽缠绵，更多地反映了人民真挚纯洁的爱情生活；北朝民歌粗犷豪放，广泛地反映了北方动乱不安的社会现实和人民的生活风习。南朝民歌中的抒情长诗《西洲曲》和北朝民歌中的叙事长诗《木兰诗》，分别代表着南北朝民歌的最高成就。

南北朝时期，也像汉代一样，设有专门的乐府机关，采集诗歌，配合音乐演唱。这些乐府诗中有民间歌谣，也有贵族文人的作品；其中民歌部分更为新鲜活泼、富于艺术力量。

南朝乐府民歌大部分保存在《清商曲辞》中。清商曲是我国古代主要的通俗乐曲，许多民歌都配合这种音乐演唱。南朝的清商曲又分为若干类，其中最重要的是"吴声歌曲"和"西曲歌"两类，民歌大多属于这两类。"吴声歌曲"产生于江南吴地，以当时的首都建业（今南京）为中心地带。"西曲歌"产生于长江中游和汉水两岸的城市——荆（今湖北江陵）、郢（今湖北宜昌）、樊（今湖北襄樊）、邓（今河南邓州）等地。这些都是当时的重镇，是商业发达的城市。因此，这些民歌所反映的多是城市生活，和汉乐府之多反映乡村生活不同。

"吴声歌曲"和"西曲歌"现存约近五百首，其中大部分是民歌。这些歌在内容上几乎全是表现男女爱情生活的，且又有十之八九出自女子之口。诗歌中生动地描写了少男少女彼此间真诚的爱慕，会面时天真愉快的神情和活动，离别以后沉重而又痛苦的相思情绪。描写真挚而又深刻，字里行间洋溢着生命的热情和力量，表现了人民群众在爱情生活方面的积极行动和美好愿望。在那个时代，在封建礼教强大的统治威力的笼罩下，男女间正当的爱情经常得不到满足，反而受到许多的折磨和迫害，因而，热烈而又大胆地歌唱男女爱情的这类诗歌具有一定的进步意义。

北朝乐府民歌保存于乐府《横吹曲辞》的横吹曲中。横吹曲是军队中应用的音乐，要求雄伟悲壮。我国古代西北民族的乐曲，由于他们的风俗习惯等原因，常适用于军乐，而被中原文化所吸收。汉代的横吹曲，相传系张骞从西域传来，但歌辞没有流传下来。南北朝时期南北两朝在政治方面形成对峙，但在文化方面彼此还是互相交流的。南朝的吴声西曲，在北魏孝文帝时即已传入北朝，成为北朝上层阶级常常欣赏的娱乐作品。

北朝的乐曲，也自东晋时代开始陆续传入南朝。横吹曲中的梁鼓角横吹曲，就是长时期从北入南的乐歌被梁代乐府官署所采用演唱的部分。

北朝的乐府民歌，数量上远不如南朝的多，但内容却广泛地反映了社会生活的各个方面，像汉乐府一般显得丰富多彩，而不似吴声、西曲那样单调，它真实地记录了游牧民族的生活状态，从很多方面表现出北方民族的刚强爽直，充满了北方的景色和风趣。

（作者：李敏）

趣味语文

对联趣闻

卖柴童妙对进家塾

明朝时，江苏省吴县，出了一位"神童"，姓施名盘。施盘家里很穷，上不起学，他五岁开始，就上山砍柴、割草卖钱。同时，他利用空余时间，偷偷地向村里的一位老秀才学习认字、读书、吟诗、作对。施盘九岁那年，进城卖柴，路过一家私塾，听着里面传出来的琅琅书声，他好想进私塾当一名学生。恰好此时私塾的主人张都宪坐轿回家，发现了小施盘。张都宪问他站在这里干什么，小施盘嗫嚅地说出了自己想进私塾读书的愿望。张都宪一听，哈哈大笑说："穷小子也想进我家私塾念书，也不想想自己的身份。"经小施盘再三恳求，张都宪这才说："这样吧，我出一上联，只要你能对上，我可以破例让私塾老师收你。"

张都宪出的上联是：新月如弓，残月如弓，上弦弓，下弦弓。

这上联连用四个"弓"字，两个"月"和"弦"字。张都宪认为这下子一定难倒这个卖柴童。没想到，小施盘听了上联，笑嘻嘻地说："学费我出不起，对对子，可难不倒我。"他略加思忖，便对出下联：朝霞似锦，暮霞似锦，东川锦，西川锦。

施盘对出的下联，连用四个"锦"字，两个"霞"和"川"字，完全符合张都宪上联的要求，而且用"朝""暮"对"新""残"，用"东""西"对"上""下"，十分工整，张都宪只好让他进私塾念书了。

解缙巧联气富豪

明朝三大才子之一的解缙，小时候自家门口正对着富豪的竹林。除夕那天，解缙在门上贴了一副春联："门对千根竹，家藏万卷书。"富豪看见了，十分生气，认为这是沾他家的光，就叫人把竹子给砍掉了。

解缙看到后，在上下联各添了一个字："门对千根竹短，家藏万卷书长。"富豪更加恼火，下令把竹子连根挖掉。

小解缙暗中发笑，在上下联又添一字："门对千根竹短无，家藏万卷书长有。"富豪气得目瞪口呆，却毫无办法，只能就此作罢。

席佩兰出联难夫婿

席佩兰是清朝大诗人袁枚的女弟

子，袁枚要她刻苦学习，没有写出好的诗句之前不要露面。所以席佩兰长成了大姑娘，才气还很少有人知道。

同村有个出身名门的青年，叫孙原湘，博览群书，尤爱诗词。席佩兰的父亲认为他必有出息，托媒求亲。不料孙原湘当面拒绝，并责备媒人说："乡村里有什么才女？我非女诗人不娶！"席家为此丢了面子。

袁枚听说后，就让席家贴出招亲告示："家有小女，年已及笄。但非诗人不嫁，有能诗者皆可登门议亲。"乡里许多青年纷纷上门求亲，都被席家拒绝。一天，孙原湘器宇轩昂地进了席家。袁枚与他攀谈，发现孙原湘果然满腹经纶，谈起诗来口若悬河。正说话间，席佩兰走过来端坐竹帘内。

袁枚表示这便是以诗求亲的席家小女。孙原湘把自己的诗稿递了上去，席佩兰漫不经心地把诗稿翻了翻，说："窗外积雪正在融化，万物复苏，依我之见，围炉谈诗，不如凭窗联句。"孙原湘连忙答应下来。席佩兰看着窗外正在阳光下融化的雪狮子，随口吟道："雪消狮子瘦"。上联一出，就把孙原湘难住了。他满面羞惭，回到家中，苦思冥想，竟致一病不起，急得孙家二老厚着老脸去请教席佩兰。

席佩兰笑着说："这好办！今天正是十五，你们晚上扶他出来赏月，你在旁边说：'今夜月亮真圆呢，那月亮里桂树真茂，树下兔儿真肥。'他听了，病就一准能好。"晚上，明月升起时，二老半信半疑地把儿子扶出来赏月，并复述了那番话，当说到"树下兔儿真肥"时，孙原湘突然哈哈大笑，大叫："有了！有了！那位小姐出的是'雪消狮子瘦'，下句不正是'月满兔儿肥'吗？你们要是早让我赏月，哪还憋得那么苦啊！"

孙原湘病好以后，与席佩兰结为夫妇，夫妻二人经常联句，都成了清代著名诗人。

（作者：钱进）

古人"名"外有"字"

我们今天说"名字"，是一个词，其中"字"读轻声。过去问一个人的"名字"，则有可能是问他的"名"和"字"，"字"读去声。在中国古代，一个有文化有教养的人，常常是既有"名"又有"字"的。"名"与"字"，不单纯是社会生活中人与人互相区别的指称符号，其中所蕴含的丰富的礼俗内容，是中国传统文化的重要组成部分，对于今天我们这个全面走向现代化的国家，仍然具有继承、借鉴的意义和价值。

《说文解字·口部》:"名,自命也。从口从夕。夕者,冥也。冥不相见,故以口自名。"所谓"自命""自名",意即自称其名。在这个意义上,命、名、鸣是同源词。"冥不相见,故以口自名",描述的这种场景,犹如我们打电话时,对方看不见你,拿起电话,必须自报家门:"您好,我是张三。"所以,根据《说文解字》的解释,"名"之谓也,主要是用来区别自己与他人的指称符号。"名"虽是自称符号,但古代人的命名,却是父亲(若祖父在世,亦可以是祖父)的专利。《仪礼·丧服传》:"子生三月,则父名之于祖庙。"为什么一定要到出生三个月后才命名呢?《白虎通义·姓名》解释说:"三月名之何?天道一时,物有其变。人生三月,目煦亦能咳笑,与人相更答,故因其始有知而名之。"因为三个月以后的孩子,眼睛已有和煦的光亮,也能发出"嘿嘿"的笑声,开始具有与人交流的知觉了。父母呼唤其名,孩子会有反应。由此也可见,"名"之用也,最早是家中父母、长辈对于孩子的呼唤。

中国人"名"外有"字"的历史,可以追溯到周代。而且,"名字"之"字","字"是由"名"孳乳繁衍的结果;就像"文字"之"字","字"是由"文"孳乳繁衍的结果一样,其中有着各种各样的逻辑关系。《颜氏家训·风操》:"名以正体,字以表德。""名"用于自称和长者呼唤,"字"则方便社会交际中的朋类指谓。生活在现代的中国人,如果赓续这种"名""字"分用的方式,一方面,可以在一定程度上摆脱人们同姓名者多的困扰,另一方面,也可以使人际称谓多一些古雅和情味。

(作者:高福生)

三　世相百态

世相百态，人相百态。百态世相中有阳光和雨露，有高洁和伟岸，需要我们投出眼光认真寻找；人相百态中有善良和纯真，有真诚和仁爱，需要我们在心灵的深处慢慢体味。

主题阅读

良　宵（节选）

一

那天晚上，老太太炖的清水排骨汤。喝完了汤，天方擦黑。她觉得有点热，就脱了棉衣在院里给韭菜浇水。浇着浇着，耳畔便传来谁家的收音机声。有人正在唱《春闺梦》，是张氏与丈夫王恢互诉衷肠那一场。听声音不是王缺月就是赵恒秋。毕竟是晚辈，功夫还是有些稚嫩。听着听着，她不禁将水桶缓缓放下，轻声轻语唱将起来：

去时陌上花如锦，
今日楼头柳又青！
可怜侬在深闺等，
海棠开日到如今。
门环偶响疑投信，
市语微哗虑变生。
因何一去无音信？
不管我家中肠断的人。

她恍惚又站在偌大舞台之上，金丝绒帷幕拉开，司鼓开始打倒板头，倒板头打完，胡琴声一响，满场肃静无哗。一瞬间，她仿佛就成了张氏，对着夫君埋怨。虽是埋怨，却是娇憨的、惊喜的、委婉的、意犹未尽的。她窃笑、她颔首、她掩面、她莲步生灭……当她最后佯装拂袖时，她仿佛听到戏台下传来惊雷般的叫好声……

唯有墙边传来"咕咚"一声闷响，她才猛然梦醒，身子打个激灵，木木地朝墙边看去。

这一看竟忍不住笑出声来。却是那孩子从墙头跌了下来。看来没什么大碍，他慌里慌张地拍拍身上的灰尘，这才怯生生凝望着她。

"你怎么又来了？"老太太沉着脸道，"你偷吃了我的鹅，这回又想偷什么？"

"我……我……"男孩诺诺道，"我只是来瞧瞧，你的病好了没有。那天晚上,你的头比开水还热……"

老太太眯眼看他。他就支吾着说:"我刚才在墙头听你唱戏……一不留神掉下来了……"

老太太这才走过去,摸了摸他的头,说:"以后不用爬墙头了,奶奶给你开着门。"就领男孩进屋,给他热了排骨和米饭,盛得鼓尖才递给他。孩子大口大口扒拉着。她就问:"你爸妈呢?""全死了。""怎么回事?""病死的……""爷爷奶奶呢?""爷爷早死了,奶奶……奶奶……"男孩哽咽着说,"奶奶前几天心肺病犯了……你那只鹅,我杀了做供品的……""还有亲人吗?""有个大伯……是个瘸子……"

男孩将碗筷放下,呆呆凝望着房梁。老太太说:"人是铁饭是钢,一顿不吃饿得慌。先把排骨都吃了。"男孩快速地瞥了她一眼,又埋头闷闷吃起来。他饭量委实很好。他总共吃了三碗米饭,排骨也啃得精光。

"以后跟谁过呢?"她仿佛问自己,又仿佛问孩子,"这么小,比火旗高不多少……"

男孩就放下碗筷,径直往外走。老太太伸手拽他,他没动。老太太说:"你喜欢吃糖吗?柜子上的铁盒里有。有大白兔的,还有金丝猴的。"

男孩说:"我从来不吃零食。"

老太太撇撇嘴说:"哪里有孩子不贪零食的?"

男孩黯然道:"我爸妈活着的时候,也没给我买过零食。"

老太太叹息着说:"以后奶奶给你买……"

男孩瞥她一眼,嘟着嘴转身走了。不一会儿,老太太听到屋外关门的声响。这次,他不是翻墙出去的。

随后几日,男孩都过来共进晚餐。家里好像还没如此喧闹过。老太太特意让王静生打集市买了张八仙桌。桌上通常是一凉一热。热的呢,是老北京菜,什么番茄腰柳啊、炸灌肠啊、砂锅狮子头啊、樱桃肉啊,都是最拿手的;凉的呢,无非是萝卜缨子、香葱、新韭,抑或小嫩菠菜,用海天酱油和酸酱细细拌了。两个人,就在炕上面对面坐了吃。孩子呢,通常只闷了头扒饭,很少动筷子捡菜。吃一阵偶然抬头,老太太便往他碗里捡一箸菜,嘴上唠叨着:"十来岁的小子,吃穷老子。多吃,多吃。"孩子也捡了肉丁或腊肠,犹犹豫豫着往老太太碗里塞。老太太就笑。如果两人都不言语,屋内便只听得牙齿咀嚼食物的声响,不过声响又不同:老太太是细嚼慢咽,老牛反刍般半晌才动下嘴;孩子呢,则像猪崽抢槽子般呼噜呼噜,眨眼间一碗米饭就下了肚。老太太说:

"你慢些吃,吃得太快,胃哪能受得了呢?可要当心,年轻的时候是人找病,老了啊,就是病找人了。"孩子仍是大口大口地吞咽,仿佛没长耳朵一般。那一日,孩子忽然放下手中的碗筷,郑重地对老太太说:

"我……我想求你个事……"

老太太故意说:"那可不行,你给我什么好处呢?"

孩子眼神就黯淡下去,老太太这才说:"好吧,我不要好处了,只要你拜我为师,学一出《红拂夜奔》就成。"

孩子仍垂着头,半晌才说:"我估计活不过明年了。要是我死了,你把我跟我爸妈埋一块儿吧。"

这话从一个孩子的口里出来,老太太一时就找不出合适的话来应答。孩子又慢慢说道:"坟就在岗上。我喜欢吃肉,到时候你给我坟头……放一块猪头肉就行了……纸钱呢,多烧些,我好给我爸买新衣裳……"说完了又继续埋头吃起来。老太太就强笑着说:"你个兔崽子,小小年岁,竟想些不着边的事儿,就是死,我肯定也在你前头。"

老太太面上挂着笑,心下却不时犯愁。孩子为何要说这番话?不像是睁着眼说假话,难道是得了什么绝症?又想,一个父母双亡的孤儿,如何安顿为好?虽说有伯父,看来也是薄情寡义的人,不然怎会让孩子孤身独住?只是个十来岁的孩子啊,按常理,晚上还赖在娘被窝里暖脚的。她便寻思着去找村里的干部,好歹找个人家寄养才安妥吧;实在不行送福利院,也比夜里孤零零守着土岗强,也比被孩子们整日欺负强,起码不至于吓破胆,只到晚上才敢出来。

那天,男孩夜间又来,老太太炖了半只芦花鸡,刚把鸡大腿撕下放孩子碗里,"刘三姐"夹着团棉花就来了。"刘三姐"脸上本来堆着笑,愣眼瞅到男孩,突然一声尖叫,吓得男孩兀自撒腿就跑。男孩跑了,"刘三姐"还抚胸长叹,竟是副失魂落魄样。老太太乜斜着她,冷冷问道:"抽羊角风了吗?"

"刘三姐"说:"我的天啊,你咋敢让这孩子跑你屋里头?"

老太太说:"他又不是十恶不赦的人,我干吗不敢让他来?"

"刘三姐"垂头顿足地嚷嚷道:"他可是个瘟神哪!你不知道,他爹妈出去打工,被人骗去卖血,得了艾滋病,去年全死了!艾滋病啊!你老人家可知道这是啥病?你还敢跟他一块儿吃饭!不想活了你!"

老太太茫然地瞅着"刘三姐",说:"他爹他妈有病,跟孩子有什么关系?"

"刘三姐"急赤白脸地说:"咋没关系?!他妈怀孕的时候就得病了!这孩子生下就有艾滋病!"

老太太不再听她絮叨,开始收拾碗筷。"刘三姐"一把将碗筷夺过,顺势扔进垃圾桶,又匆忙提了垃圾桶快步出屋。显然,这个麻湾唯一的"女光棍"是被彻底吓着了。当然,麻湾唯一的"女光棍"被彻底吓着了,也就说明整个麻湾村被彻底吓着了。

二

老太太翌日起得晚。如若不是敲门声越发大起来,定会再睡个回笼觉。等她将门打开,倒不禁愣住。房北围站着七八个女人,有相识的,有不相识的,还有半生不熟的。见她迈门槛出来,都不约而同向后退了几步。老太太用手压了压发髻,她们又是碎步挪腾。很显然,她们都知道孩子的事了。看来"刘三姐"的舌头,也并不比她们的短多少。

那个清晨,这帮子妇女围住老太太,七嘴八舌问个没完。譬如,他何时开始到她这里蹭饭的;譬如,他吃过之后的碗筷,她是否用开水烫过;譬如,他有没有跟她讨要钱物;譬如,她以后是否还会叫他来吃饭。显然,她们最关心的还是末一个问题。

老太太目光漠然地越过她们,扫到了房前一棵梨树。梨树也是素白,不过却比樱桃多了分莹润。女人们仍喋喋不休,仿佛她们若不是如此这般盘问她,倒真是对她不起。她后来实在有些厌烦,就说,我筋骨有些受风,要去屋里好生静养一番,你们还是各自忙各自的去吧!

女人们怔怔地盯了她看。她连个招呼也没打就关门回屋。站在过头屋里,耳边还响动着她们嘈杂的议论声。

待到日悬中天,老太太又去了黄土岗。空中飞着乱柳絮和蒲公英,老太太不停打着喷嚏。这样行到岗下,又歇息片刻,这才一点一点向上爬。爬了没几步就腰酸腿疼,寻思寻思又径自下坡,仰头朝岗上望去。

男孩就站在岗上俯视着她。他只穿了那件漏眼的海魂衫,细瘦胳膊支棱着。他看她一眼,她看他一眼,谁也没有说话。老太太"哎"了声再去瞅他,他仍站在那儿,犹如刚从泥土里钻出的豌豆苗。他的瞳孔与眼白,倒如昼与夜般分明。

"你下来,"老太太朝男孩摆摆手,"以后别住这儿了,搬到奶奶那儿。"

男孩猛地摇摇头。

"别怕。七十三八十四,阎王不想小鬼至。我都这把年纪了,还有什么怕的?我都不怕,你还有什么怕的?"

男孩仍是摇摇头。

"你晚上想吃什么呀？奶奶给做砂锅白肉吧？"

男孩转身就跑了。岗上又空旷起来。

看来，这孩子是怕连累她，没准这是最后一次见到他了。老太太蔫头耷脑回了家，捂了棉被静躺。晌午刚过，王静生就来拜访了。王静生来了后并未言语，先是在炕沿上默默卷了支旱烟，咳嗽着抽完才去瞧他姨妈。他姨妈这才从被窝里钻出来，盘腿坐在炕席上。王静生说，关于她跟孩子的事，他听别人说了。别人呢，也没啥恶意。以前他跟父母住岗上，跟村人不怎么来往。去年他父母病死，剩他一个，都是她奶奶送粮送水。前些天他奶奶死了，还有个伯父。可这伯父是他奶奶的养子，打自初就跟他父亲不和，又是个瘸子，看来指望不上。孩子的病不是好病，别人才不敢跟他往来，怨不得别人。老太太就别瞎掺和了，省得别人戳着脊梁骨说闲话。"姨啊，你这辈子，"王静生顿了顿说，"听到的闲话还少吗？"

这倒是老太太搬到麻湾村以来，头一次听王静生讲这么多话。王静生说完，又卷了支旱烟抽起来。老太太这才转过身说："回去吧，静生，我有分寸的。"王静生就趿拉着鞋走了。

那晚，老太太做好了饭菜，孩子却没来。老太太看着桌子上的卤煮和油条，一口都吃不下。八仙桌就在炕上摆了一宿。半夜老太太睁开眼，盼着那饭菜已被孩子吞咽得精光，不过，油条仍硬邦邦躺在笸箩里，盛卤煮的碗已凝了一层油。叹息一声，却是怎么都睡不着了。

村主任是头午来的。这是个有点驼背的中年人，面目红肿，穿双皱巴巴的皮鞋，一说话嘴里就喷薄出酒气。他先自报家门，而后一屁股坐到炕上。他说，他本来早该拜访拜访老太太，可他实在太忙了。他可能是世界上最忙的村主任了。这不是他能干，而是他必须能干：谁让他们村地底下有铁矿呢？这个村子不起眼，却埋藏着大把大把的金钱。县里让他们年底前全部搬迁，可要让这帮庄稼人离开住了半辈子的窝，倒真是费力不讨好的事。他忙呀，比奥巴马还忙，这才没顾上那孩子。再说了，孩子有毒，人还是少接触为好。"他的事你就别操心了，"最后村主任打着哈欠说，"我跟书记会解决好他的事。如果有问题，也只是时间上的问题。"

老太太"哦"了声。村主任似乎很满意，又说："你要是有啥困难，尽管跟我说！我虽然不是骑马的驾鹰的，可毕竟还是村主任嘛。"

老太太笑了笑。

村主任前脚走,老太太后脚就出了门。她手里端着个铝盆,盆里是五六个大馒头。出了院门,村主任赫然就堵在门外。他皱着眉头瞥她一眼,又瞥了瞥馒头,铁青着脸说:"真是个老古董。你没长耳朵吗?嗯?拿我说话当放屁吗?嗯?"

老太太没吭声,径自朝前走。村主任一愣,随即吼道:"站住!你给我站住!"老太太仍是走自己的。村主任三步并作两步过来,一把扯住她衣襟:"你给我回去!回去!不是说了吗?没你的事!"

老太太站在那里,一声都没吭,只默然眺望着远处的土岗。

(作者:张楚)

赏析

一位京剧名伶老年时逃离大都市,僻居一处荒村,在人生的最后时光,她做出了一件让人惊讶的事情:不跟儿子回城,而选择守护一位患有艾滋病的乡村孤儿。同情弱者,关爱社会,也许这才是真正的大爱和大美,这也正是《良宵》这篇小说的意义所在。

2012年,《民治新城市文学》将这篇作品作为重点文章推荐给读者。张楚在作品后附有题为《自言自语》的创作谈,他说:"我希望将来——无论40岁、60岁或是80岁,都怀着一颗敏感的、柔弱的心,来赞美这个世界、这些繁复人性在刹那放射出来的光芒和美德。"

泥兴荷花壶

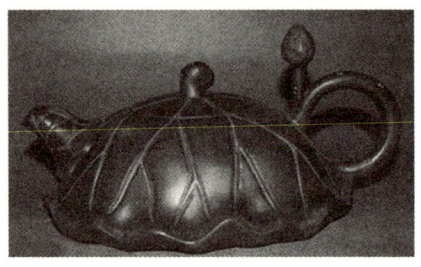

泥兴荷花壶

泥兴荷花壶,陈州特产。该壶的外形如同一朵刚绽的荷花,四只盖杯造型似莲蓬,托盘则如一张刚落水面的莲叶。特别是杯和盘不但造型美观,而且自有一种浑然天成的色彩,荷花壶淡紫,莲蓬杯碧青,荷叶托浓绿,让人悦目赏心。

泥兴茶具用料讲究,制坯很薄。经过窑变,呈现天然色彩,不着色,不上釉,全靠细磨打光。更令人称奇的是,用指一弹,"当当"作响,且一壶一音,音长如绵,如琴似弦。壶坯虽薄,但极坚固。薄而固,贵在土质。陈州有种胶土,柔和含刚,做泥人制壶坯,确为稀世好料。用这种壶泡茶,不亚于宜兴的紫砂茶具，具有独特的良好的透气性能，沏出茶来，茶叶既有茶香，又无熟气，汤色澄清，滋味儿醇正，即使将茶叶留在壶中，夏天隔夜也不发馊，实属茶具中的上品。

很早的时候，陈州泥兴壶就有官窑和民窑之分，但无论官窑与民窑，真正供奉京城皇宫内的泥兴壶，多是陈氏壶。陈氏壶的开山鼻祖叫陈百万，到了民国年间，陈百万的第十代玄孙陈三关又当了窑主。

没了朝廷，又逢军阀混战的岁月，陈氏壶开始流落民间。只是陈氏壶造价极高，一般人家买不起。能用起真正贡品的，多是些达官贵人。

这一年，段祺瑞从界首来到了陈州城。

陈州距皖地只有百十余华里，两方搭界，段祺瑞说来也就来了。段祺瑞和他的部下是化装而来。因为陈州有伏羲陵，段祺瑞正在倒霉时节，他来是求拜人祖的。那一天段祺瑞是富商打扮，去北关朝拜过人祖，又看了陈州七台八景，这时候想起了陈州泥兴茶具。他原来有一套荷花壶，而且那把壶已经用老，壶下满是丘状茶渍，不下茶叶照样有茶色。可惜，有一次与太太动怒，不慎打碎了。那是真正的宫廷用品，是他任江北提督时袁世凯赠送的。袁世凯的老家距陈州很近，且又是陈州于家的乘龙快婿，因此他极喜爱家乡泥兴茶具。段祺瑞家居皖地，与袁世凯算半个老乡。袁世凯家乡观念重是众所周知的，让他官至参谋总长、国务总理之要职，算是很对得起他。自去年被直系打败之后，他愈发思念袁大总统了。因此，他决定要买一套陈州泥兴荷花壶。

段祺瑞派人问清了陈三关的家，便带随从直奔陈府。

陈府位于南门西尚武街的街尾处，一座庭院，三面环水，风景十分秀丽。陈府的高大门楼上悬挂着历代朝廷赠赐的御匾，很是威风。

那时候陈三关已年近古稀，但身板挺硬朗。银白的须眉下藏着一双深邃的眼睛，言谈举止皆给人以高深莫测的感觉。段祺瑞带一班人马走进府门的时候，陈三关正在给壶打光。他见来一富商，且气度超群，知是非凡人物，忙起身迎客。段祺瑞拱手还礼，报了化名，说是慕名而来，专程到陈州欲购一套陈氏泥兴茶具。陈三关让人沏了茶，笑问："恕我冒昧相问，先生愿出大价吗？"段祺瑞笑答："若能得一宝壶，鄙人在所不惜！"陈三关见来客爽快，顿然来了兴致，命人抬出几箱茶具，一一打开，对段祺瑞说："这是一百套上品，我再从中挑出一壶，可丑话先说不为丑，先生要拿出这一百套的钱来！"段祺瑞大度地笑笑，当即命人掏出一托盘钢洋，放在桌子上。陈三关拉过箱子，开始一把接一把的朝外抛壶，一连抛出一百把，从高空落到地上，皆完好无损。段祺瑞惊叹，十分怀疑自己原来的那把壶是否真货色。他正在走神，只见那陈三关已把一百把壶同时摆在了案子上，取出一根细铁棍儿，挨个敲击，凡音裂音哑者，当即抛出。最后，陈三关认真挑出21把，个个音质如琴，细细地分出高低音，又按音序排了三排。此时的陈三关满面红光，精神抖擞。只见他饱吸一口气，双手各持一根细铁棍儿，倏地飞舞开来。铁棍儿如蜻蜓点水，在21把壶上弹跳，美妙的音乐被飞舞的铁棍儿荡开，如泣如诉，似高山流水，似珠玑落盘，惊得段祺瑞张大了嘴巴。细听了，原是一曲《春江花月夜》。他从未听过如此玄妙的壶音，禁不住心头颤抖。这时候，只听那陈三关突然改了曲牌，奏出了《十面埋伏》，且越来越急，如同千军万马，如同暴风骤雨。厮杀声、马奔声、枪击剑砍声响成一片。段祺瑞瞪圆了双目，如临大敌，正欲呐喊几声，突然曲终音绝，万籁俱寂。在场的人如同刚从血战中杀将出来，个个头上冒着汗水，面色苍白，长长地嘘了一口气。

这时候，陈三关已汗透脊背，他郑重地转过身，望了众人一眼，然后跨左一步，亮出了"琴案"。众人再看时，个个目瞪口呆，只见案上已瓦砾一片，唯有一壶亭亭玉立于瓦砾之中。陈三关绾了衣袖，托了那把壶，用铁棍儿击了一下，音质如初，不嘶不哑。他捧了那壶，呈到段祺瑞面前，说道："客官，宝壶挑出来了！"

段祺瑞受宠若惊般抹了抹双手，十分恭敬地接了那壶，爱惜地抚摸，如视家珍。

陈三关擦了擦汗水，呷了一口茶说："客官，你有福气，赶上了军阀混战的好时机！这是我家祖传的挑壶程序。古时候为皇上挑供品，多是用此种套路。你今日正赶上我有雅兴，算是享受了皇上的待遇！"

段祺瑞一听大喜，满面顿溢红光，忙命人掏出赏钱，送给了陈三关。

陈三关接过赏钱，又问道："见客官气度非凡，绝非寻常之辈！你能否告诉我尊姓大名，也好让我记准此宝壶的下落？"

段祺瑞迟疑了一下，笑道："师傅好眼力！鄙人姓段名祺瑞字艺泉！"

陈三关一听是段祺瑞，禁不住目瞪口呆，好一时，他才平静下来，施礼道："段大人真乃是富贵之人！此种宝壶为百里挑一,实属宝中之宝!据我所知,此种壶多有灵性,得此壶者,能救主人一命!"

"此话怎讲?"段祺瑞不解地问。

"枪打宝壶,子弹只过一壁!大人若不信,可当面一试!"

段祺瑞半信半疑,让人把壶放在一个高处,掏出枪来,对准壶身打了一枪。只听子弹头儿在壶内如钢珠跳舞"叮叮当当"响了一阵,然后发出颤音落在了壶底。众人取壶相看,果真只过一壁!那子弹穿过之处只一个圆眼儿,四周且无一点儿炸纹儿。

陈三关哈哈大笑。

段祺瑞万分懊悔地叹了一口气,捧着宝壶呆呆如痴……

附记:1924 年,段祺瑞再度出山,被奉系军阀及冯玉祥推为北京政府执政。1926 年 4 月又被驱逐下台。1933 年 2 月被蒋介石迎居上海。1935 年被任为"国民政府委员"。1936 年 11 月 2 日在上海病死。据传段祺瑞临死前,万物皆抛,怀中只抱那把"陈州泥兴荷花壶"。他望着"弹穿残壶",像诠释什么,许久许久,才闭了双目。家人百思不得其解,便把残壶殉葬。

(作者:孙方友)

赏析

本文描写了段祺瑞从曾拥有过一套泥兴荷花壶,到与太太动怒打碎,后又怀念它,于是决定要买回一套。从寻壶,到买壶,到挑壶,到破壶,到最终懊悔……整个过程曲折且扣人心弦。特别是挑壶的过程写得惊心动魄、波澜起伏!

文章的结尾更耐人寻味。如果我们结合历史,结合段祺瑞的人生经历,也许我们能理解其中的内蕴,既感染人,更震撼人!

此文选取的写作素材较为新颖,语言有文言文的味道,凸显出作者深厚的文学功底!

《阿长与〈山海经〉》的人物描写

这是一篇以写人为主的散文,作者按生活的本来面目,真实而亲切地再现了鲁迅童年时与长妈妈相处的情景,刻画出一个真实、生动、鲜活的普通劳动妇女——长妈妈的形象。她饶舌多事、不拘小节,有许多繁文缛节,但为人诚恳、热情,有着淳朴、宽厚、善良、仁慈的美德,文中表达了作者的深切怀念之情。其词恳切，其情真切，十分感人。作者在人物刻画方面是颇见功力的，主要特点有以下三点：

首先，善抓细节。写人物最怕把人物的鲜明性格淹没在一般性的叙述之中。俗话说，于细微处见精神，写小说需要如此，写记人散文又何尝不需如此呢？鲁迅就是善抓细节的高手，为了表现长妈妈爱啰唆，爱说闲话，作者写她"向人们低声絮说些什么事，还竖起第二个手指，在空中上下摇动，或者点着对手或自己的鼻尖"。为了表现长妈妈的粗鲁和不拘小节，作者写她"一到夏天，睡觉时她又伸开两脚两手，在床中间摆成一个'大'字"。有关"元旦"早晨的一段描写也十分生动，"我"一醒就要坐起来，"她却立刻伸出臂膊，一把将我按住"，"我"惊异地看她时，只见她惶急地看着我。她又有所要求似的，摇着"我"的肩。当"我"忽而记得了隔夜长妈妈的提醒喊"阿妈，恭喜"时，她"于是十分喜欢似的，笑将起来，同时将一点冰冷的东西，塞在我的嘴里"。这些细节都传神地写出长妈妈对"我"的关心和祝福。

其次，详略有致。写人的散文既忌琐碎，又忌粗疏。鲁迅在写长妈妈时，就既有简笔，又有繁笔。第二部分写"厌"长妈妈时略写了她的啰唆和对"我"的管制，而详写了她的睡相；这一部分写"烦"长妈妈时略写了长妈妈所教的生活中的一般"道理"，而详写了过年的"规矩"；第三部分写"敬"长妈妈时，虽两件事都用了繁笔，但第二件"《山海经》事件"写得更为详细。由于详略得当，文章就显得错落有致，人物也显得血肉丰满。

第三，欲扬先抑。这是本文构思上的一个重要特点。文章从一开始就表达出作者对长妈妈的厌烦和不满，厌她啰唆，厌她限制"我"的自由，厌她睡相不好；烦她规矩太多，烦她道理太多。就在读者似乎感到长妈妈一无是处时，作者笔锋一转，详细叙写了两件令他敬重的事。由于前面"抑"得太多了，后面的"扬"就给人以奇峰突起的感觉，人物形象霎时间就高大起来。现在我们再回过头来探究一下本文的题目，看看作者有没有什么玄机在其中。"阿长"是作者在憎恶长妈妈时才这样叫的，因此，"阿长"代表的是作者在文章前半部分所表达的情绪。"《山海经》事件"是彻底改变"我"对长妈妈看法的重要事件，也正因为有了"《山海经》事件"，"我"才真正由"厌烦"长妈妈变成了"敬重"长妈妈。因此，"《山海经》"是敬重长妈妈的代表性事件，"《山海经》"代表的就是文章后半部分所表达的情绪。那么，本文题目"阿长与《山海经》"是否隐含着"从'厌烦'到'敬重'"的意思呢？

（作者：王学东）

《台阶》中的父亲

在农村，一辈子面朝黄土背朝天的农民，最大的追求莫过于"不被人轻视"，在乡邻中活得有面子，也就是渴望得到他人的尊重。中国农民的这种渴望，直接的表现往往就是住上宽敞的房屋，不仅仅是为了自己，也是为了子孙，似乎这才能家业兴旺，生活幸福，也是尽到了父亲的责任，也才能被人瞧得起，这就是农民的淳朴。而在浙东，在李森祥的家乡，"台阶高，屋主人的地位就高。"屋基深、台阶高成了家庭地位的象征，就是被人尊重的标志。难怪"乡邻们在一起常常戏称：'你们家的台阶高'"，而父亲总是自言自语地感叹："我们家的台阶低。"正是这种农民本分而又淳朴的意识，正是这种渴望尊重的追求，父亲才不辞辛劳，背石捡砖，日积月累，蓄聚角票，"准备了大半辈子"，以便为自家造一个九级台阶。当万事俱备之时，父亲"终于选定一个日子，破土动工"。满以为自己的渴望就要实现，因此"造屋的那些日子，父亲很兴奋"，"在屋场上从这头走到那头"，忙着"给这个递一支烟，为那个送一杯茶"。

然而，新屋造好、九级台阶大功告成之后，乡邻们从"我们"家门口经过时，并没有人说"我们"家的台阶高，见到父亲打招呼时说的是习以为常的一句"晌午饭吃过了吗"。由此可见，九级台阶虽高，仅仅是表面现象，是一种形式上的提高，并未从根本上改变"地位"，父亲渴望得到尊重的追求并没有实现，他的精神并未有得到满足，诚如朱月君老师所言："祥林嫂的一个门槛换不来她和别人的平等，闰土的香炉和烛台祈不来生活的安定幸福，父亲的九级台阶又怎能真正筑起受尊重的平台呢？"难道自己的努力白费了吗？父亲怎能不感到迷茫？

其次，台阶虽然建成了，但和过去的日子有些疏远，与邻里之间似乎有了些距离。台阶建成以后，父亲第一次坐在最高的一级上磕烟灰时，没有了以前在自家青石板上的动作，"感觉有些不对劲"；"第二次他再坐台阶就比上次低了一级……然而低了一级他还是不自在，便一级级地往下挪，挪到最低一级，他又觉得太低了，干脆就坐到门槛上去"。可见父亲坐在哪一级台阶上都不自然；

再看父亲挑水回家跨上第四级台阶时,"他的脚抬得很高,仿佛在跨一道门槛",脚下也不同往常了,"踩下去的时候像是被什么东西硌了一硌",往日已经习惯了的生活似已逝去,过去的感觉再也难以找回,虽"尽力保持平静",又怎能平常如旧?难免产生"我连一担水都挑不——动吗"的怀疑。

过去,在乡邻的眼里,父亲是"老实厚道低眉顺眼累了一辈子,没有人说他有地位,父亲也从没觉得自己有地位",和乡邻在一起可以无拘无束地"戏称",坦诚相待。在"造屋的那些日子,父亲很兴奋","在屋场上从这头走到那头",忙着"给这个递一支烟,为那个送一杯茶",与乡邻之间何其融洽。在新屋造成、台阶造好、燃放鞭炮庆贺之时,父亲"仿佛觉得有许多目光在望他……父亲明明是该高兴,却露出尴尬的笑"。父亲坐在台阶上,乡邻们见到父亲打招呼说:"晌午饭吃过了吗?""父亲回答没吃过。其实他是吃过了,父亲不知怎么就回答错了。"可见过去的无拘无束、坦诚融洽已经不那么自然、平静,心理上似乎与乡邻之间产生了些许鸿沟,有了一定的距离;和过去的生活有了点陌生。难怪连父亲自己也"总觉得坐太高了和人打招呼有些不自在"。

再次,父亲辛苦忙碌了一辈子,一旦闲下来,有点不知所措。父亲为了给自家造一个九级台阶,能将三百来斤重的石板从山上一口气背到家,而且一下子背了三趟;"一年中他七个月种田,四个月去山里砍柴,半个月在大溪滩上捡拾屋基卵石,剩下半个月用来过年、编草鞋";即便是大热天,"身上淌着一片大汗",父亲也"顾不得揩一把";甚至在冬至之后,农活都忙完了,父亲总是在鸡叫第三遍时出发,上山砍柴,"黄昏贴近家门口时归来";就是在造屋的那段日子里,父亲更是忙个不停,"晚上他一个人搬砖头、担泥、筹划材料,干到半夜。睡下三四个钟头,他又起床安排第二天的活"。父亲起早贪黑、吃苦耐劳、辛勤劳作,为的就是实现自己的追求——得到他人的尊重。

台阶造好了,父亲的心愿已经了却,追求似乎实现了,生活便没有了动力。而且父亲也老了。但是,父亲没能真正实现自己的追求——得到他人的尊重。难道这一生的努力就这样白费了吗?更何况劳动惯了的父亲,一旦不能像过去一样忙碌,也有些不习惯。《台阶》中的父亲一辈子辛劳惯了,一旦不能劳动,也有点不知所措,于是顿感无所适从,又怎能不有所茫然?

(作者:阿金)

读写津梁

论自学与读书

我在中学时代的自学,对英文、数学之类的学习,主要还是对付

梁漱溟

课堂教学的。而我真正认真的学习是在课外的自学。我自14岁进入中学之后,一股向上之心驱使我在两个问题上追求不已:一是人生问题,即人活着为了什么;二是社会问题亦即是中国问题,中国向何处去。这两个问题是互相关联,不能截然分开。为叙述方便,则必须分别言之。对人生问题之追求,使我出入于西洋哲学、印度哲学、中国周秦宋明诸学派间,而至后来被人看作是哲学家。对社会问题之追求,使我投身于中国社会改造运动,乃至加入过革命组织。总论我一生80余年(指14岁以后)的主要精力心机,无非都用在这两个问题上。而这两个问题的开端和确立,便自中学时代始。

大约14岁以后,我即形成自己的人生思想,胸中自有一个价值标准,时时用以评判一切人和一切事。这就是凡事看他于人于社会有没有好处及好处之大小。假使于群于己都没有好处,就是一件要不得的事了。反之,若于群于己都有顶大好处,便是天下第一等之事。以此衡量一切并解释一切,似乎无往而不通。若一时对一事思之不通,千难万阻,也要辗转求得解答,以自圆其说。一旦豁然开朗,有所获得,便不禁手舞足蹈,顾盼自喜。此时西洋之"功利主义""最大多数幸福主义""实用主义""工具主义"等等我虽尚无所谓,但思想算是不期而遇,恰与西洋这些功利派思想相近。

这思想,显然是受我父亲的启发。先父虽读儒书,服膺孔孟,实际上其思想和为人乃有极像墨家之处。他认为中国之贫弱全为念书人专务虚文,与事实隔得太远之所致。因此,他平素最看不起作诗词、做文章的人,而以"务实"二字为讨论任何问题之一贯主张。务实之"实",自然不免要以"实用""实利"为其主要含义。而专讲实用、实利之结果,当然流归到墨家思想。不论大事小事,这种思想在他一言一动之间到对外流露贯彻,大大影响到我,是不待言的。

无论是在人生问题或中国问题上,我当时都有充分的自学资料。我拥有梁任公先生主编的《新民丛报》壬、寅、

癸、卯、甲辰三整年的6巨册和他编的《新小说》（月刊）全年一巨册（以上约共五六百万言），这都是从日本传递进来的。还有其他从日本传递进来或在上海出版的书报甚多。这些都是当时内地一个普通中学生难以具有的丰富资财。十几年前我曾经写过一篇短文谈读书，这问题实在是谈不尽，而且这些年来我的见解也有些变迁，现在再就这问题谈一回，趁便把上次谈学问有未尽的话略加补充。

学问不只是读书，而读书究竟是学问的一个重要途径。因为学问不仅是个人的事，而是全人类的事，每科学问到了现在的阶段，是全人类分工努力日积月累所得到的成就，而这成就还没有湮没，就全靠有书籍记载流传下来。

书籍是过去人类的精神遗产的宝库，也可以说是人类文化学术前进轨迹上的里程碑。我们就现阶段的文化学术求前进，必定根据过去人类已得到成就做出发点。如果抹杀过去人类已得的成就，我们说不定要把出发点移回到几百年甚至几千年前，纵然能前进，也还是开倒车落伍。读书是要清算过去人类成就的总账，把几千年的人类思想经验在短促的几十年内重温一遍，把过去无数亿万人辛苦获来的知识教训，集中到读者一个人身上去受用。有了这种准备，一个人才能在学问途程上作万里长征，去发现新的世界。

历史愈前进，人类的精神遗产愈丰富，书籍愈浩繁，而读书也就愈不易。书籍固然可贵，却也是一种累，可以变成研究学问的障碍。它至少有两大流弊。第一，书多易使读书不专精。我国古代学者因书籍难得，皓首穷年才能治一经，书虽读得少，读一部却就是一部，口诵心惟，咀嚼得烂熟，透入身心，变成一种精神的原动力，一生受用不尽。现在书籍易得，一个青年学者就可夸口曾过目万卷，"过目"的虽多，"留心"的却少，譬如饮食，不消化的东西积得愈多，愈易酿成肠胃病，许多浮浅虚骄的习气都由耳食肤受所养成。其次，书多易使读者迷方向。任何一种学问的书籍现在都可装满一个图书馆，其中真正绝对不可不读的基本著作往往不过数千部甚至于数部。许多初学者贪多而不务得，在无足轻重的书籍上浪费时间与精力，就不免把基本要籍耽搁了。做学问如作战，须攻坚挫锐，占住要塞。目标太多了，掩埋了坚锐所在，只东打一拳，西踢一脚，就成了"消耗战"。

读书并不在多，最重要的是选得精，读得彻底，与其读十部无关轻重的书，不如以读十部书的时间和精力去读一部真正值得读的书；与其十部书都只能泛览一遍，不如取一部书精读十遍。"旧书不厌百回读，熟读深思子自知"，这两句诗值得每个读书人悬为座右铭。读书原为自己受用，多读不能算是荣誉，少读也不能算是耻辱。少读如果彻底，必能养成深思熟虑的习惯，涵泳优游，以至于变化气质；多读而不求甚解，譬如驰骋十里洋场，虽珍奇满目，徒惹得心花意乱，空手而归。世间许多人读书只为装点门面，如暴发户炫耀家私，以多为贵。这在治学方面是自欺欺人，在做人方面是趣味低劣。

读的书当分种类，一种是为获得现世界公民所必需的常识，一种是为做专门学问。为获常识起见，目前一般中学和大学初年级的课程，如果认真学习，也就很够用。所谓认真学习，熟读讲义课本并不济事，每科必须精选要籍三五种来仔细玩索一番。常识课程总共不过十数种，每种选读要籍三五种，总计应读的书也不过50部左右。这不能算是过奢的要求。一般读书人所读过的书大半不止此数，他们不能得实益，是因为他们没有选择，而静读时又只潦草滑过。

有些人读书，全凭自己的兴趣。今天遇到一部有趣的书就把预拟做的事丢开，用全副精力去读它；明天遇到另一部有趣的书，仍是如此办，虽然这两书在性质上毫不相关。一年之中可以时而习天文，时而研究蜜蜂，时而读莎士比亚。在旁人认为重要而自己不感兴味的书都一概置之不理。这种读法有如打游击，亦如蜜蜂采蜜。它的好处在使读书成为乐事，对于一时兴到的著作可以深入，久而久之，可以养成一种不平凡的思路与胸襟。它的坏处在使读书泛滥而无所归宿，缺乏专门研究所必需的"经院式"的系统训练，产生畸形的发展，对于某一方面知识过于重视，对于另一方面知识可以很蒙昧。

我的朋友中有专读冷僻书籍，对于正经正史从未过问的，他在文学上虽有造就，但不能算是专门学者。如果一个人有时间与精力允许他过享乐主义的生活，不把读书当作工作而只当作消遣，这种蜜蜂采蜜式的读书法原亦未尝不可采用。但是一个人如果抱有成就一种学问的志愿，他就不能不有预定计划与系统。对于他，读书不仅是追求兴趣，尤其是一种训练，一种准备。有些有趣的书他须得牺牲，也有些初看很枯燥的书他必须咬定牙关去硬啃，一久了他自然还可以啃出滋味来。

读书须有一个中心去维持兴趣，或是科目，或是问题。以科目为中心时，就要精选那一科的要籍，一部一部地从头到尾读,以求对于该科得到一个概括的了解,做进一步高深研究的准备。读文学作品以作家为中心,读史学作品以时代为中心,也属于这一类。以问题为中心时,心中先须有一个待研究的问题。然后采关于这问题的书籍去读,用意在搜集材料和诸家对于这问题的意见,以供自己权衡去取,推求结论。重要的书仍须全看,其余的这里看一章,那里看一节,得到所要搜集的材料就可以罢手。这是一般做研究工作者所常用的方法,对于初学不相宜。不过初学者以科目为中心时,仍可约略采取以问题为中心的微意。一书作几遍看,每一遍只着重某一方面。苏东坡与王朗书曾谈到这个方法:少年为学者,每一书皆作数次读之。当如入海百货皆有,人之精力不能并收尽取,但是其所欲求者耳。故愿学者每一次作一意求之,如欲求古今兴亡治乱圣贤作用,且只作此意求之,勿生余念;又别作一次求事迹文物之类,亦如之。他皆做此。若学成,八面受敌,与慕涉猎者不可同日而语。

记忆力有它的限度,要把读过的书所形成的知识系统,原本枝叶都放在脑里储藏起,在事实上往往不可能。如果不能储藏,过目即忘,则读亦等于不读。我们必须于脑以外另辟储藏室,把脑所储藏不尽的都移到那里去。这种储藏室在从前是笔记,在现在是卡片。记笔记和做卡片有如植物学家采集标本,须分门别类订成目录,采得一件就归入某一门某一类,时间过久了,采集的东西虽极多,却各有班位,条理井然。这是一个极合乎科学的办法,它不但可以节省脑力,储有用的材料,供将来的需要,还可以增强思想的条理化与系统化。

(作者:梁漱溟)

文史广角

杨绛这一百年(节选)

有时候,活着本身,就是一件艰难且漫长的竞赛。

钱钟书在世的时候,几乎不见媒体记者。钱钟书去世后,杨绛也如出一辙,她曾对记者说:"我其实很羡慕做一个记者,假如我做记者我就做一个像《焦点访谈》那样的跟踪记者,或者战地记者,有一定危险性和挑战性。但是,我不愿做追逐名人的记者,访什么名人呀!"

"缘起一面"

杨绛祖籍江苏无锡,1911年7月17日出生在北京一个开明的知识分子家庭,未满百日,便随父母南下,移居

年轻时的杨绛

上海。少年时代，杨绛在上海读书。她从小就学习好，但最淘气顽皮，曾因为上课说话被罚站示众，却因不服两人说话只罚一人而大哭到下课。在苏州东吴大学求学时，杨绛是班上的"笔杆子"，中英文俱佳。

1932 年初，东吴大学因学潮停课，开学无期。杨绛东吴大学政治学系毕业在即，不能坐等，就想到燕京大学借读，借读手续由她的同学孙令衔请费孝通帮忙办理。2 月下旬，杨绛等 5 人北上。路上走了 3 天，到北平已是 2 月 27 日晚。他们发现火车站有个人探头探脑，原来是费孝通，他已是第三次来接站，前两次都扑空。入学考试结束后，杨绛便急着到清华大学去看望老朋友，同伴孙令衔也要去清华看望表兄。这位表兄不是别人，正是钱钟书。

杨绛初见钱钟书，只见他身着青布大褂，脚踏毛底布鞋，戴一副老式眼镜，浑身儒雅气质，"蔚然而深秀"。而杨绛更有一番神韵。她个头不高，但面容白皙清秀，身材窈窕，性格温婉和蔼，人又聪明大方。匆匆一见，甚至没说一句话，彼此竟相互难忘。

然而，孙令衔莫名其妙地告诉钱钟书，说杨季康（杨绛原名）有男朋友，又跟杨绛说，他表兄已订婚。钱钟书写信给杨绛，约她相会。见面后，钱钟书开口第一句话就是："我没有订婚。"杨绛说："我也没有男朋友。"从此他们开始了书信往来。

钱钟书与杨绛（年轻时）

一天，费孝通来清华大学找杨绛"吵架"。费孝通认为他更有资格做杨绛的男朋友，因为他们已做了多年的朋友。费孝通此前曾问杨绛："我们做个朋友可以吗？"杨绛说："朋友，可以。但朋友是目的，不是过渡；换句话说，你不是我的男朋友，我不是你的女朋友。"这回，杨绛的态度还是没变："若要照你现在的说法，我们不妨绝交。"费孝通很失望也很无奈，只得接受现实，跟杨绛做普通朋友。

1979 年 4 月，中国社会科学院代表团访问美国，钱钟书和费孝通作为代表团成员，不仅一路同行，旅馆住宿也被安排在同一套间，两人关系处得不错。钱钟书想想好笑，淘气地借《围城》里赵辛楣曾对方鸿渐说的话，跟费孝通开玩笑："我们是'同情人'（指爱上同一个人）。"

"牛棚"岁月

1966年"文革"爆发，杨绛在外国文学研究所作为"反动学术权威"被"揪出来"。从此开始了受污辱、受践踏、挨批、挨斗的日子。造反派给她剃了"阴阳头"，派她在宿舍院内扫院子，在外文所内打扫厕所，住"牛棚"，余下的时间作检讨、写认罪书等等。三天后，钱钟书也被打成"牛鬼蛇神"。

1969年11月，钱钟书被下放到信阳地区罗山县。次年7月，杨绛也被下放到那里，被分配在菜园干活。菜园距离钱钟书的宿舍不过10多分钟的路。当时，钱钟书负责看守工具，杨绛的班长常派她去借工具，于是，"同伴都笑嘻嘻地看我兴冲冲走去走回，借了又还"。后来，钱钟书改任专职通讯员，每次收取报纸信件都要经过这片菜园，

钱钟书与杨绛（老年时）

夫妇俩经常可以在菜园相会。"这样，我们老夫妇就经常可在菜园相会，远胜于旧小说、戏剧里后花园私相约会的情人了。"

"文革"结束后，杨绛和钱钟书获得了自由，终于又回到了阔别已久的家中。浪费了整整10年的光阴，他们决定整天闭门自守，什么地方也不去，沉溺于自己的学问事业。即便动荡年月，杨绛也没有放弃学术研究，通晓英、法两国语言的杨绛，近60岁时，从零开始学习西班牙语，并翻译了《堂吉诃德》。1978年杨绛翻译的《堂吉诃德》中译本出版时，正好西班牙国王访问中国，邓小平把它作为礼物送给了西班牙国王。她的译本至今都被公认为佳作，已累计发行近百万册，是该书译本当中发行数最多的。

"打扫现场"

也许在很多人看来，与钱、杨二先生相比，作为女儿的钱瑗实在是太普通了。直到杨绛的《我们仨》面世之后，爱女钱瑗才始为公众所知——她外语才能精湛，学识渊博，目光敏锐坚定，在大学任教时便勇于创新，开创了"实用外语文体学"。在杨绛眼里，"我的生平杰作就是一个钱瑗"。

因肺癌转脊椎癌，钱瑗1997年去世。还没有从丧女的悲哀中解脱，翌年

12月，相伴了60多载的丈夫钱钟书又离她而去。遵循钱钟书遗嘱，后事一切从简。杨绛一直陪送钱钟书的遗体到焚化炉前，久久不肯离去，难舍难分。

两年间失去了两个至亲之人，只留下87岁高龄的杨绛孑然一身。这个打击几乎致命，但她以那羸弱的身躯挺过来了。这让杨绛对生、老、病、死有了透彻的领悟，希望自己能够"死者如生，生者无愧"（钱钟书语）。家里的一切都保持女儿和丈夫在世时的旧样。

晚年，杨绛开始"打扫现场"，以惊人的毅力整理钱钟书的手稿书信，钱钟书的手稿多达7万余页，涉猎题材之广、数量之大、内容之丰富，令人惊叹。手稿多年随着主人颠沛流转，从国外到国内，由上海至北京，下过干校，住过办公室，历经磨难，伤痕累累。纸张大多发黄变脆，有的已模糊破损、字迹难辨，重重叠叠，整理起来十分辛苦。2003年，《钱钟书手稿集》（影印本，40卷）能及时与读者见面，杨绛功不可没。几年来，杨绛以全家三人的名义将高达数百万元的稿费和版税全部捐赠给母校清华大学，设立"好读书"奖学金。

闭门谢客

在许多朋友眼里，杨绛生活异常俭朴、为人低调。她的寓所，没有进行过任何装修，水泥地面，非常过时的柜子、桌子，老旧的样式，始终安之若素，室内没有昂贵的摆设，只是浓浓的书卷气。杨绛说："我家没有书房，只有一间起居室兼工作室，也充客厅，但每间屋子里有书柜，有书桌，所以随处都是书房。"

杨绛一直非常低调，有一年新著出版，出版社有意请她"出山"，召开作品研讨会。对此，杨绛坦陈："我把稿子交出去了，剩下怎么卖书的事情，就不是我该管的了。而且我只是一滴清水，不是肥皂水，不能吹泡泡，所以开不开研讨会——其实应该叫作检讨会，也不是我的事情。读过我书的人都可以提意见的。"她谢绝出席。

（作者：高群）

欧阳修及其文学成就

欧阳修四岁丧父，随叔父在现湖北随州长大，幼年家贫无资，母亲郑氏以荻画地，教以识字。欧阳修自幼酷爱读书，常从城南李家借书抄读，他天资聪颖，又刻苦勤奋，往往书不待抄完，已能成诵；少年习作诗赋文章，文笔老练，有如成人。其叔由此看到了家族振兴的希望，曾对欧阳修的母亲说："嫂无以家贫子幼为念，此奇儿也！不唯起家以大吾门，他日必名重当世。"十岁时，欧阳修从李家得唐《昌黎先生文集》六卷，甚爱其文，手不释卷，这为日后北宋诗文革新运动播下了种子。仁宗天圣八年（1030）欧阳修中进士。次年任西京（今洛阳）留守推官，与梅尧臣、尹洙结为至交，互相切磋诗文。景祐元年（1034），召试学士院，授任宣德郎，充馆阁校勘。景祐三年，范仲淹上章批评时政，被贬饶州。欧阳修为他辩护，被贬为夷陵（今湖北宜昌）县令。康定元年（1040），欧阳修被召回京，复任馆阁校勘，编修崇文总目，后知谏院。庆历三年（1043），任右正言、知制诰。范仲淹、韩琦、富弼等人推行"庆历新政"，欧阳修参与革新，提出改革吏治、军事、贡举法等主张。庆历五年，范、韩、富等相继被贬，欧阳修上书分辩，被贬为滁州（今安徽滁州）太守。后又改知扬州、颍州（今安徽阜阳）、应天府（今河南商丘）。皇祐元年（1049）回朝，先后任翰林学士、史馆修撰等职。至和元年（1054）八月，与宋祁同修《新唐书》，又自修《五代史记》（即《新五代史》）。嘉祐二年（1057）二月，欧阳修以翰林学士身份主持进士考试，提倡平实文风，录取苏轼、苏辙、曾巩等人，对北宋文风转变有很大影响。嘉祐三年六月，欧阳修以翰林学士身份兼龙图阁学士权知开封府。嘉祐五年，拜枢密副使。次年任参知政事。后又相继任刑部尚书、兵部尚书等职。英宗治平二年（1065），上表请求外任，不准。此后两三年间，因被蒋之奇等诬谤，多次辞职，都未允准。神宗熙宁二年（1069），王安石实行新法。欧阳修对青苗法有所批评，且未执行。熙宁三年，除检校太保宣徽南院使等职，坚持不受，改知蔡州（今河南汝南县）。此年改号"六一居士"。熙宁四年六月，以太子少师的身份辞职，居颍州。熙宁五年闰七月二十三日，欧阳修卒于家，谥文忠。欧阳修陵园位于河南省新郑市区西辛店镇欧阳寺村。该园环境优美，北依岗阜，丘陵起伏，南临沟壑，溪流淙淙。陵园肃穆，碑石林立，古柏参天，一片郁郁葱葱，雨后初晴，阳光普照，雾气升腾，如烟似雨，景色壮观，故有"欧坟烟雨"美称，为新郑古代八景之一。

欧阳修雕塑

欧阳修在文学创作上的成就，以散文为最高。苏轼评其文时说："论大道似韩愈，论事似陆贽，纪事似司马迁，诗赋似李白"。但欧阳修虽素慕韩文的深厚雄博，汪洋恣肆，但并不亦步亦趋。欧阳修一生写了500余篇散文，各体兼备，有政论文、史论文、记事义、抒情文和笔记文等。他的散文大都内容充实，气势旺盛，深入浅出，精练流畅，叙事说理，娓娓动听，抒情写景，引人入胜，寓奇于平，一新文坛面目。他的许多政论作品，如《本论》《原弊》《朋党论》《伶官传序》等，恪守自己"明道""致用"的主张，紧密联系当时的政治斗争，指摘时弊，思想尖锐，语言明快，表现了一种匡时救世的胸怀。他还写了不少抒情、叙事散文，也大都情景交融，摇曳多姿。他的《释秘演诗集序》《祭石曼卿文》《苏氏文集序》等文，悼念亡友，追怀往事，情深意挚，极为动人；他的《丰乐亭记》《醉翁亭记》诸作，徐徐写来，委婉曲折，言辞优美，风格清新。总之，不论是讽世刺政，还是悼亡忆旧，乃至登临游览之作，无不充分体现出他那种从容宽厚、真率自然的艺术个性。

（作者：周吉元）

趣味语文

药名入诗韵味浓

我国中药名称繁多，古时常有文士将中药名嵌入诗中，借用药名中的字义或谐音来表达某种特定的意思。有些诗嵌得自然、贴切，读之耐人玩赏。

宋代扬州的陈亚，是著名的文士，又是一位作嵌药名诗的能手，他的嵌药名诗很多，"风雨前湖近，轩窗半夏凉"（嵌入前胡、半夏两种药）就是较好的诗中名句。他的咏牛诗"地名京界足亲知，往借寻常无歇时。但看车前牛领上，十家皮没五家皮"中就嵌入了荆芥（谐音）、蝎、车前子、五加皮（谐音）四味药。全诗又紧扣咏牛主题，可谓匠心独运。

元代名士陈孚的《交趾驿》诗云："长空青茫茫，大泽泻月色。使君子何来？山椒远于役。虎狼毒草丛，泪如铅水滴。更苦参与商，骨肉桂海隔。问天何当归，天南星汉白。"诗中嵌有"空青""泽泻""使君子""山椒""狼毒""如铅""苦参""肉桂""当归""天南星"十种药名。

明代冯梦龙是著名的文学家，在他收集的山歌中也有不少是嵌有药名的。

如有一首写某女子怨恨情郎的歌云："红娘子叹一声,受尽了槟榔的气,你有远志,做了随风子,不想当归是何时?续断再得甜如蜜。金银花都费尽了,相思病没药医,待他有日的茴香（回乡）也,我就把玄胡索儿缚住了你!"又云："想人参（生）最是离别恨,只为甘草口甜甜的哄到如今。黄连心苦苦里为伊担闷,白芷（纸）儿写不尽离情字。嘱咐使君子切莫做负恩人。你果是半夏的当归也,我情愿对着天南星彻夜的等。"两歌中嵌入"远志""当归""甘草"等十余种中药名。

清初戏曲作家朱佐朝的《莲花筏》传奇中,写到船户之子姚良和山东巡抚之女齐玉符相爱,玉符为试探姚良的心意,提出让他作一首诗,诗中必须嵌入她正在服用的一个药方上的八味药。姚良提笔写成七律一首："天门冬日晓风飕,浮寄天南红蓼舟。不嚼石莲心亦苦,沉香衾冷梦惊秋。玄胡索去同心带,血泪流红豆未休。半夏拟归云汉去,难教织女会牵牛。"诗中巧妙嵌入了天门冬、天南星、莲心、沉香、玄胡、红豆、半夏、牵牛八味药,同时又把爱慕之情、求婚之意寓于其中,玉符看后很是感动,二人终结伉俪。

也有在词中嵌入药名的,如清初尤侗曾作《南乡子》词云："弱骨怯天冬,满地黄花憔悴同。云母屏边休伫立,防风,乌头却是白头翁。自笑寄生穷,愁脉难将草木通。泉石膏肓甘遂老,从容,领取云山药饵功。"词意咏病,词中嵌入天门冬、地黄、云母、防风、乌头、白头翁、桑寄生、木通、石膏、甘遂、肉苁蓉、山药等十二种中药名。

（作者：郑华金）

古人的"苦吟"

北宋黄庭坚有一首独联诗："闭门觅句陈无己,对客挥毫秦少游。"意思是说,宋朝诗人陈师道（字无己）写诗是关起家门、冥思苦想;而秦观（字少游）作诗则喜欢即兴命笔,才思敏捷。据说,陈师道在外出登山赏景时,因景生情,感物有得,一旦有了灵感就急忙跑回家,紧闭房门,一头扎在床上,以被蒙头冥思苦想,推敲字句,时而还发出呻吟之声,就像患了大病,有时竟这样躺上几天。同时他还讨厌声音响动,每逢其作诗,家人赶紧把家里养的鸡狗统统赶出去,就连小孩子也要出去暂避。直到诗做好了走下床,家人才恢复往日的正常生活。陈师道风趣地称自己作诗的床为"吟榻"。

在中国古代文学史上,像秦观、曹

植那样文思敏捷、七步成诗的才子诗人不少,但还有更多像陈师道那样搜索枯肠、苦心孤诣"苦吟"的诗人。"苦吟"的故事触目皆是。

传说"苦吟"诗人贾岛在长安街上酝酿吟诵"秋风吹渭水,落叶满长安"一联时,唐突了京兆尹刘栖楚;在斟酌"鸟宿池边树,僧敲月下门"一联时,又冲犯了京兆尹韩愈,不过也因此得以与大人物韩愈"并辔而归"、"为布衣之交"而知名,并给后人留下了"推敲"的佳话。

"苦吟"的传统可谓是绵绵不绝。到了清代,袁枚也是"爱好由来落笔难,一诗千改始心安";清代大文学家曹雪芹以严谨的创作态度写成了惊世鸿著《红楼梦》后,曹雪芹评价自己的作品曾感慨地说:"字字看来皆是血,十年辛苦不寻常。"

四　光彩人生

每个人都生活在社会中，社会是实现个人价值的平台，是人之为人的意义所在。奉献社会，给别人带来富足、温暖和幸福，才能使人生发出靓丽的光彩。

主题阅读

叶圣陶与张中行

中华人民共和国成立初期的人民教育出版社，是积聚了一批学者的。张中行到那里时，心情很愉快，毕竟是换了一个环境。由教书到编书，是个大的转折，他的自信是有的，先前编过杂志，现在与出版打交道，万变不离其宗吧。许多事情对于他都是新奇的，工作较先前有了新的挑战，人也和过去多有不同。他是带着一种试试看的心情进入到新生活来的。

他进入角色很快，也很兴奋。涉猎的话题较过去也多了一些。同事们都很热情，与学校的环境大不一样了。有老学究，也有青年人，学术氛围像是比中学更浓。有趣的是，这些新结识的人，许多后来都成了他的朋友。

老总是叶圣陶，一个大名鼎鼎的快五十岁的专家、作家。他给张中行的印象很好，儒雅、温和，没有一点架子。在接触的那一瞬，就有着和学校不同的氛围，学术和文学的气息在此是浓厚的。

在他最初的印象里，叶圣陶的文学天赋平平，没有什么大才。气韵不及周氏兄弟，文笔逊于郁达夫。似乎不是飞动的精神，而有些被庸常的东西压迫住了。对于一个敏感的学问家来说，他眼里的叶圣陶的印象大致是对的。不过在从事教育研究的人中，有叶圣陶这样的人也实属不易。他介于作家和学者之间。两种思维方式都有，对教学的认识也高于常人。后来的学者中，还很少有叶圣陶这种类型的人物。他在知识界几乎可以说是个没有争议的人物。

我觉得张中行和叶圣陶有许多相似的地方。他们都从乡下来，一生朴实，很平民化，所写的作品多是小人物，关注着底层的生活。即使出名的时候也没有一点架子，和蔼的态度让人难忘。其次是都有相当长的时间从事教学工作，对语文问题有切身的体会，不像一些语言学家的枯燥。只有作家型的语文专家才能深入到教学理念的深处，他们俩是代表性的人物。还有一点，就是对五四的基本看法相近，是反旧文学的新型作家，偏于鲁迅兄弟的思想。具体地表现在远离八股，对僵化的思想深恶痛绝。张中行在对文言与白话的看法上，与叶圣陶的观点也有近似的地方，都主张写作应当是"辞达而已"，不搞掉书袋的那一套。所以他们一见面，就很亲切。叶氏有儒者的风范，和孔子的一些理念暗合，那种不温不火的温情的美，似乎可以把一切焦虑都驱走了。

叶圣陶　　　　张中行

叶圣陶不久就发现了张中行的价值。他意识到出版社来了个人才。张中行对文字的敏感，学识的驳杂，在工作中很快就显示出来。一般的语文教材编写者不会像张中行那么兴趣广泛的，他在史学、哲学、文学上的知识和见识，令一些同事感动。一些重要的典籍、生僻的词语，在他那里都不是困难的事，所以叶圣陶往往也把重要的工作交给他。比如自己的童话作品集，就放手让张中行编。张中行对词语的运用，标点的排列，都有一套逻辑，不喜欢多余的词语和无趣的话，把握文体也有一套本领。叶圣陶让张中行可以按自己的看法改动作品，信任他，也佩服他，这可让张中行受宠若惊。叶圣陶对这个小自己十余岁的人的关注，其实还隐含着另一个期待，就是对自己的普通话不太自信，张中行可以校正苏州的吴侬软语，而且渐渐地，张中行在诗词上的修养也让众人刮目，大家对他的好感不久就形成了。

他后来的同事张厚感先生告诉我，20世纪50年代，叶圣陶请朋友吃饭的时候，常常也把张中行叫到身边，信任的感情是重的。可是张中行在领导面前似乎腼腆，不那么爽快，平时也很少与上司打交道，这是那时候的一种氛围。待到反右运动后，类似的聚会就渐渐少了。

对叶圣陶印象好的人很多，一般接触他的都有种信任的感情。叶圣陶后来在种种运动里能躲过劫运，在张中行看来是个谜。说其有世故的地方也不能说没有道理。叶圣陶太忠厚，不愿意和人发生冲突，即使反右斗争，他出来讲话，指责别人的写作不注意标点符号，只从学问的技术层面发言，鲜涉及政治，这就很善，是生存的策略。说起他的善，应从其写的童话来印证。他的作品有时清澈得像山涧流水，对人与自然，是天然的爱，没有杂色在里。你看他写的《稻草人》等作品，是何等的爱意，看不到黑暗的东西的。作品如此，择友的方式也如此。他和夏丏尊、李叔同、丰子恺的友情，是现代史有趣的一页。这些朋友的身上都没有唳气，周身是温暖的光泽。他们在一起，远离争斗的话语，心是平和的。这个圈子里的人，乃中国读书界少有的群落，也是保留了旧文人儒风最多的一族，和那些杀气腾腾的人比，哪有一点恶气呢？

但张中行不是那个圈子里的人。他比那些儒者要晚一辈，而兴趣又有不同的一面。叶圣陶的特点是中正平和，不逾矩。文章被温情裹得太久，很少放荡的时候。张中行的思想是盘旋多致的，用一句俗话说就是不老实，总在思考越界的事物，暗自蹚雷区的时候多，所以对叶圣陶的柔和就不能不有想法。"文革"后期，张中行被遣送乡下，其境极惨，几乎无路可走了。有一次张中行从乡下回城见叶圣陶，却失之交臂。叶圣陶知道后特写信给他，依然那么热情，没有因为对方落魄而显出架子，这让张中行颇为感动。他在绝望的时候，在这位长者身上感受到了天底下的温情，晚年常常感念着他，也不是没有道理的。

我有时对比这两个人，常想，在什么地方很像，又不太一致。比如爱好上都喜欢民俗的东西，心细，喜欢寂寞的生活，都不贪恋宏大的叙事。文字都是平淡的美，不去用力地写文章。不同的是，叶圣陶对世俗社会有自己的成见，接触人多，做的事也多，所以一直是名人。张中行却从来都是小人物，从没有做巨匠的奢望，但因为在底层的时间久，没有热闹的场景，所以那岑寂的心就比叶氏深广，偏向哲学的一面。叶圣陶的书是和风细雨，即便是绝望的笔触也有暖意的存在，儒者的风范尽入笔端。他不像张中行那样对己身的痛感挖得深，利他的地方多，所以精神是外流的，散出春日的温暖。

我读张中行时，心是沉潜的，被拽到很远的时光里。那里有古人的精魂在，久久地缠绕着，刺痛着内心。叶圣陶的书是把个体的冷暖与社会关怀分离的。只是在日记和诗词里有内心的凄苦，而文章则多面向青年，是爱心的播撒，是路向不同的。在教育理念上，他们基本一致，可是张中行似乎更有点个人主义的意味，反叛的东西是多的。也许是社会环境进化了。叶圣陶早走十几年,张中行赶上了改革开放时期,总可以一吐心中的委屈了,所以说了前辈不能说出的话。这是命运还是什么呢?细心的读者是会深解一二的。

(作者:孙郁)

 **赏析**

内容真切、平实,既无偏袒褒扬,也不刻意挑剔,却又不隐晦自己的态度,公允,持中。运用对比的手法,更好地凸显了两个人不同的性情,不同的处世方式,给读者留下了深刻的印象。语言自然、贴切,不疾不徐,娓娓道来,给人以话家常的亲切感。

桑荫街
——忆初进佤山

从佤山西盟南去的路上,有座突出的但不太险陡的悬岩,岩下边有块较平坦的地方,中间有两棵老桑树,旁边有一大块突出的岩石,像一匹屈着前腿的马。这就是拉祜族人称之为"桑荫街"的地方。

虽然被叫作"街",一年365天,却有364天是杂草丛生寂无一人的荒野,不仅没有一间店铺,就连一座小草棚也没有;只有每年的农历八月十五日才会热闹起来。这一天,西盟佤山各个拉祜村寨的人都要赶来这里聚会,过一个狂欢的节日。

桑荫街是怎么形成的,说法不一。有的说是与中秋团圆有关。又有人说是清同治年间,拉祜族首领朱阿霞等人在抗击清兵的起义失败后,带着千余拉祜人退入西盟山区,长途跋涉后,曾歇马于此,战马走累了走伤了,化成了石马。拉祜人也在这里分手,去往西盟的大小山岭寻找耕地,建立村寨;时间长了,他们怀念当年一起退进佤山的同族人,每年中秋节,都要来这里聚会一次,从而形成了比他们的春节、火把节、新米节还热闹的大团圆。这也是滇南其他地方的拉祜族人所没有的特殊节日。

1954年的农历八月十五日早晨,远近的拉祜人又如期从娜妥坝、木古坝、南凹坝、南约、八嘎那、莫窝、马散、力索……那些村寨赶来,近的二三十华里,远的百余里。

山岭险峻,道路崎岖,天又热,俭朴的拉祜人先是穿着家常衣裳,把新头巾、新绣花鞋放在背篓里、挎包里,接近桑荫街了,才在山溪水边洗干净手、脸、脚,换上鲜艳的节日盛装;小伙子们也拿出芦笙、蟒锣来吹奏敲击,让欢乐的乐曲声散向四周山野,同时也是召唤附近的拉祜人走快些,别耽误了这喜庆节日。

在西盟的贸易小组和做生意的汉族人，也挑来白酒、米线、糖果来这里摆摊子，增添了市场的热闹气氛。

力索寨是拉祜族人较多的一个大村寨，也离桑荫街近，这里的年轻男女早就准备了节日的衣着、吃食和歌舞。

娜朵是个身材修长的俊俏姑娘，也是歌舞场的领头人。她提前半个月就在精心缝制一件新的衣裳，在衣领和腰下开叉处镶上闪亮的银泡和花边。她18岁了，又这样美丽，该在桑荫街上显露她的姿色和歌舞才能了。为了买布选料，她还特意去了几次西盟，托贸易小组的同志去澜沧进货时，把她要的丝线、银泡、银扣带回来。

寨子里几个小伙子也是把芦笙、月琴、口弦修了又修，试了又试，唯恐音色不正，吹奏时输给别的村寨。

那天，桑荫街上除了拉祜族人外，与往年不同的还多了一些特殊的赶街人，这就是驻扎在西盟的人民解放军、民族工作队队员、贸易小组，以及新成立的西盟、力索小学的学生。

部队的同志来不仅是看热闹，还有着保护节日安全的任务，人多杂乱，这里离边境又近，境外还有残匪盘踞；两个小学则是来进行一次秋日旅行，开阔眼界，山区生活寂寞，难得有这样的盛大集会。

先到的拉祜族人已吹着芦笙、敲响蟒锣跳开了舞。芦笙悠扬地表达着他们的欢乐情绪，把人们都吸引过去；姑娘们却不急于加入舞圈，三五一群地挤在一起，嗑着炒葵花子，说着开心的话，悄悄打量着周围的小伙子，遇见能使她们心动的人，就会低垂下眉眼，似乎在想着什么。

一些不跳舞的男子，或者跳累了，就去找许久没见面的熟人聊天，或者蹲到卖酒的人面前，大碗地喝着酒。力索寨的汉族商人和拉祜族人都善于酿酒，那糯米酒色清、味醇、口感极好，从酒罐子里舀出倒进碗里时，会泛起一圈珍珠似的酒花，悠然散开，也把酒的香味散向周围，引得那些拉祜汉子酒瘾大作，喝了一碗又一碗，忘了再去跳舞吹笙，也忘了有姑娘在失望地冷眼看着他们……

西盟和力索小学的学生则在比赛唱歌，唱了一支又一支新歌，也给这古老的节日增添了时代气息。

秋收刚过，拉祜人的吃食都比较丰富，那石马形状的岩石上放满了拉祜人祭祀的鸡、猪、甘蔗、糯米粑粑。

时近中午，桑荫街的活动正式开始，先由一名德高望重的老人焚香行礼，念念有词地祷告，然后男女们围着

"石马"吹笙跳舞，演出先民们打猎、耕作的各种舞蹈动作，既是对民族过往历史的回顾，也表达他们对劳动的热爱。

她们热情、真挚地把自己的感情全都倾注了进去，芦笙的音调也就特别悠扬欢快，舞步更是优美翩翩；小伙子的动作矫健有力，精心打扮过的姑娘们都如同一朵朵鲜艳的花朵。

我看到了舞圈中的娜朵，那身精心裁剪绣制的节日盛装特别艳丽。她跳得满脸通红，那对黑而明亮的大眼睛闪烁着兴奋的光芒。她热情地向我招手，要我也加入她们的跳舞。我要忙着招呼随同来的战士轮换休息、放哨，顾不上进舞圈去，向她挥挥手，谢谢了。

她眼睛里流露出了失望的神色。

冬日农闲时，力索寨的人常在空坪上烧起一堆篝火来歌舞，她们也热情地邀请连队和民族工作组的人参加。这是加强军民关系的好机会，过去我们常常和她们跳到深夜。

今天早晨，她和女伴们离开寨子时，特意来民族工作组的住处问我："你们去桑荫街吗？"

"去。"

"记得来和我们跳舞呵！"

"好！"

她高兴地和女伴们背上盛着吃食的背篓走了。

她系了一块新包头巾，还别出心裁地在包头上绣了一朵鲜红的山茶花，更把她那白净丰满的脸颊衬托得光艳照人，这样必然会比别的姑娘更吸引小伙子们的注意。

这里拉祜族人的风俗，桑荫街这天，小伙子看中了哪个姑娘，跳完舞后就会堵在山路上去抢姑娘的包头巾，抢到手了，姑娘就要嫁给他。如果姑娘不愿意，他只好悄悄请人把包头巾送回去。不过这都是通过跳舞熟悉了，相互有了感情和默契了，小伙子才敢动手去"抢"，以免讨个没趣。

今晚，她是准备让哪个小伙子来抢她的包头巾呢？那朵山茶花多鲜艳！

我在周围山头上跑上跑下观察地形和情况，再走进舞圈时，天色已完全昏黑了。圆盘似的金黄月亮正缓缓地升起，映照得天边的浮云和草地上都是一片淡黄色；月光下的人影像在水波上一样地晃动，变化着不同的图案，搅碎了月光……

朦胧月色中比大白天还富有情调，年轻男女们跳得更痴迷了。我在几个舞圈之间走着，想选择一个熟人较少的去跳舞，这样可交一些新朋友，多了解一些那些寨子的情况。突然一只温暖而又柔软的手紧紧抓住了我，把我拉进了舞圈，——是娜朵。

"你去哪里了？"她问。

"忙事情去了。"

"我找了你好久呢！"

"是吗？"

"还问'是吗？'，刚才叫你来跳舞，你也不来。"

"我忙呀！我们是有任务，哪能随便活动……"

她点头，理解地说："也是！"

我们随着芦笙的乐曲声和舞圈的移动，轻轻地跳了起来。她今天和往日不一样，把我的手抓得紧紧的，好像怕我又会跑掉似的，使我又高兴又有些紧张。她很热情，我作为受纪律约束的军人却不敢坦率回报呀！

我想着想着，脚步就迟滞了。

她用力抖了抖我的手："你怎么啦？"

"我？没什么。没吃晚饭，有些饿了。"我找了个借口。

"你怎么不早说？哎呀！我也忘了这事。"她忙把我拉出舞圈，在草坪旁边找到了她们放置的背篓。那里边有炒黄豆、烤苞谷花、烤熟了的牛肉干巴，冷糯米饭……丰富得很。

见我吃得香，她很高兴，说："这些是特意留给你的呢！"又问："想喝酒吗？我帮你去找。"

"不，不。多谢了！"

她在我身边坐下，默默地望着我，想说什么。月光越来越亮，照在她白净的脸上，如镀上了一层银色，她更美丽了。

随着月亮的缓缓移动，夜深了。跳舞的小伙子、姑娘在三三两两地散去，多是小伙子们走在前头，姑娘拉开距离走在后边。

我随口说了句："是去抢包头巾吧？"

她笑了："你也懂？"

我说："听说过。还不太懂。"

她又问："你想去抢哪个的包头巾？"

我吃惊地说："我怎么会？"

她却悄声问："你来抢我的包头巾好吗？"

我只好老实地回答："不敢！"

"是不想，还是不敢？"她追问。

"不敢。"

"唉！你呀！"声音里充满了伤心。

"你也知道，我是解放军呀！"

她低下了头，幽幽地说："解放军就不兴有家吗？"

"至少现在不兴。"

"以后呢？"

"我不知道。"

她又长叹了口气。月色下那本来明

亮得如泉水的黑色的大眼睛像被罩上了一层薄雾，变得黯淡了。

有人在远处喊我，附近还有几个人走过来寻找她，那是她的同伴。夜深了，大家都该回去了。

我忙抓住这时机跳起来，说："他们找我呢！"

她没有作声，无力地坐在那里也不答应那几个姑娘对她的呼喊。

几天后，力索寨的拉祜人还沉湎于桑荫街的愉快中。这个寨子已有几个姑娘在回来的路上被小伙子抢走了包头巾，她们正在兴奋地商议着未来的嫁娶呢！

但最美丽的娜朵却没让人抢去包头巾，不是没有小伙子们注意她，而是冲到她面前时，却见她没有系着包头巾，而是露着高高的发髻，只好失望地走开。

她的女伴悄悄告诉别人，娜朵一走出桑荫街，就把包头巾取下来塞进了藤背篓里。

寨子里的很多人不明白地叹息：她怎么会这样？

只有我明白是怎么一回事，也在暗暗叹息！

第二年，还没到桑荫街，我就调走了。

这叹息是永远的！

（作者：彭荆风）

赏析

《桑荫街》的画面是热闹的：明亮的月光下，舞蹈、音乐、歌声、篝火，拉祜族群众庆祝着他们的丰收，歌颂着他们的爱情。在热闹的背景下，姑娘们另有心事，暗自审视自己心仪的小伙，准备芳心相许。娜朵对"我"有情，"我"却不能接受，留下美丽的遗憾。这景，这情，都是清新的，纯净的，柔美的。

《陋室铭》赏析

《陋室铭》是一篇语言优美的抒情短文。构思很新颖，通篇采取托物抒情的方法，借助赞美简陋的居室来表现作者高尚品德和安贫乐道的情趣。这篇作品可能写于刘禹锡被贬谪朗州司马以后，文中对官场卑污和世俗尘嚣的鄙弃，反映出作者在政治上遭受挫折之后的心境。

文章开头，作者并没有直接点出陋室，而是以"山不在高，有仙则名，水不在深，有龙则灵"作为铺垫，引出"斯是陋室，惟吾德馨"。这种以比兴起笔，贴切自然地引入正题的写作手法，有助于表达文章的主题思想。作者用山水陪笔，来衬托文章的主旨，表达了陋室虽然简陋，但我——居住的人道德高尚，名声远播，陋室也就不陋的思想感情。文章开头以山水起兴，那么房子呢？自然不在于宽敞华丽，只要有位杰出的人物居住就会受到人们的仰慕。本文就是用这种方法引题，从"山""水"引到"陋室"。"斯是陋室，惟吾德馨"直接点出了题旨。"惟吾德磬"是"由于我的道德高尚，（陋室就）出名了"。"馨"在此处应指"陋室"的名声飞扬远方，"陋室"是狭隘简陋的房子。杜甫《甘林》诗："勿矜朱门是，陋此白屋非。"因此，"陋室"也是被人瞧不起的屋子。但是，刘禹锡的"陋室"，因其主人学识渊博，道德高尚，又"谈笑有鸿儒，往来无白丁"，"陋室"也就具有好声誉，引起人们注意，远近出名了。而文中刘禹锡以"陋室"比"南阳诸葛庐，西蜀子云亭"，不但突出了他的道德高尚，更证实了"陋室"的"香"之远闻，名扬四方。"馨"字这样解释，"斯是陋室，惟吾德馨"就与起首二句紧密联系，互相照应了。意思说，这虽然是个狭小简陋的屋子，只因为我的品格高尚使它也变得美好，散发出花木般的芳香。"馨"字的本义是花草树木的香气，移用来描写人的品德，这用的是"移就"的修辞手法。"陋室"因"德馨"而"馨"，这就点明全篇的中心思想。

接着，作者描述了陋室的有关情况。"苔痕上阶绿，草色入帘青"，写出了陋室的外在自然景物，表现了作者对陋室幽静清雅的景色的喜爱之情。"苔痕上阶绿，草色入帘青"真是神来之笔，"苔痕"能"上阶"，"草色"能"入帘"，用比拟法把自然物写活了。仿佛这些清新、美丽，生机盎然的植物也成了往来于"陋室"的客人，它们以自身特有的清丽姿色，装点着这间散发出沁人香气的茅舍——台阶被滋生的"青苔"覆盖得绿茸茸的，草色跨进门帘，屋内呈现一片青翠。再用室内的人事活动来点染烘托"陋室"的高雅。"谈笑有鸿儒，往来无白丁"，"鸿儒"指知识渊博的大学者，"白丁"本义是没有官职的平民，文中借指没有文化的人。古人很重视"无友不如己者""非贤友则无取之"这些儒家的交友之道。既然往来的、谈笑的都是些知识渊博的学者，"陋室"主人的德才那就可想而知了，这是以好衬更好的"映衬"手法，表现了作者德才兼备、择人而交的情怀。下面写主人在陋室中的活动，"无丝竹之乱耳，无案牍之劳形"是以室内的人事活动来烘托"陋室"的宁静和室内人物思想情趣的高雅。这位主人悠闲地弹着"素琴",没有繁弦急管那种嘈杂的声音,潜心静默地读经,没有官府事务缠身。这里简直像"世外桃源"一样清静幽雅,在这样美好的环境中弹琴、读经不正是古时的君子之风吗!以上两句中的前一句从正面说,是实写,写出了室中的闲情逸事,表现了作者的喜趣爱好之情;后一句从反面说,是虚写,写出了室中的幽静超脱,表现了作者看破世俗、不受羁绊的感情。作者对室中之景、室中之人、室中之事的描写,目的在于说明,"惟吾德馨",使后面"何陋之有"的结论有事实依据。这些具体描写,抒发了作者赞美陋室、蔑视世俗的思想感情。

《陋室铭》虽然表现了作者不愿与世俗同流合污、耿介正直的情操,但从"谈笑有鸿儒,往来无白丁"的句子,可以看出作者孤芳自赏、傲岸清高,不愿接近劳动人民的弱点,从"可以调素琴,阅金经。无丝竹之乱耳,无案牍之劳形"的描写,多少反映出作者超脱现实、独善其身的消极思想。在评价古人时,要全面地、历史地看问题,不能脱离历史时代和当时的社会现实去苛求古人,避免"以一眚而掩大德"。

"南阳诸葛庐,西蜀子云亭"这个比喻包含两层意思,一是把"陋室"比成"诸葛庐"和"子云亭",一是作者以诸葛亮和扬雄自况——他胸怀雄才大略,尽管当权的保守势力把他贬谪到边郡,但他的政治抱负和高洁志趣不变,或者像隐居南阳的诸葛亮那样遇贤主而出仕,或像扬雄在成都草堂里著述《太玄》那样安贫乐道,赋诗著书,做出有益于天下的大事。

结尾一句:"孔子云:'何陋之有?'"典出《论语·子罕》:"子欲居九夷。或曰:'陋,如之何?'子曰:'君子居之,何陋之有?'"作者引用时却将"君子居之"四字略去,其原因不全是行文的字数限制,也是作者有意达到"盖而愈彰"加深读者印象的效果。

(作者:周海军)

《爱莲说》赏析

赏析《爱莲说》,我们必须抓住其重点,那就是"出淤泥而不染,濯清涟而不妖"。此是全文的中心题意,从其核心意思来说,可作两解。一是直接按题意,喻莲,可谓写出了其特性。莲本出自湖池底淤泥,但出水后不带一丝淤泥。为什么呢?因为其出水的时候,经过了清水的洗涤,所以显得纯净,它虽美，但不妖艳媚人。这两句话，将莲花的美感与特性展示无遗，可谓言简意赅。

《爱莲说》从"水陆草木之花，可爱者甚蕃"开篇，远境大气，既点明了《爱莲说》之莲也属水陆草木之花，也点明了莲的可爱，只是"甚蕃"者里的之一罢了。这为他下文的"予独爱莲"埋下了顺理成章的伏笔。如此开篇，大气而意深，出笔皆成不凡，吸人眼球也。接下去周敦颐并没在"甚蕃"里纠缠，只是直接缩景，一句"晋陶渊明独爱菊"，更加明确了题意，陶渊明可以爱菊抒怀，我怎不可独爱莲呢？接下句"自李唐来，世人甚爱牡丹"，像是重复，但实为加深语意，而且此句入文，让对比感更为强烈，为其求莲之高洁铺下了引子。大意是周本人独爱莲与晋陶渊明的爱菊避世不同，为保持一份高洁，宁愿终老南山。他要在尘世中当个出淤泥而不染的君子。这种在污世保持清白与独自避世求真的心态与众人皆羡富贵（牡丹）的从众心态是有着思想境界上本质的区别的。这为爱莲说所要表达的"出淤泥而不染"做了最好的铺垫。下句周敦颐就直接进入了正题"予独爱莲之出淤泥而不染，濯清涟而不妖，中通外直……可远观而不可亵玩矣"，写莲之语，爱莲之心，喻莲之志，可谓一气呵成，看似是对莲的直观描写，其实字字句句皆是借莲之表象倾诉衷心。此运笔之老到，实让人叹为观止。可说自开篇至入篇至本节完，读者竟无一丝喘息之机。读时不觉其语言超凡脱俗，而回味却是隽永绵长，越品越有滋味。

第二节也即是收篇之节。周敦颐先用花进行比喻，让花的特性喻人，虽平淡，但比喻帖切，让人读来也别有一番滋味。"予谓菊，花之隐者逸者也；牡丹，花之富贵者也；莲，花之君子者也"。此平淡之句接上节"晋陶渊明独爱菊；自李唐来，世人甚爱牡丹；予独爱莲……"可谓浑然一体，不着一丝痕迹。而更重要的是，借花喻人，将陶渊明的避世，世人皆追求荣华富贵的心态描写得淋漓尽致，而无一言直接指责。他通过这样的对比，将自己比喻为君子。君子难为，犹胜于避世也。从这一点来看，周敦颐有些孤芳自赏的意思。不过周敦颐也有些自知之明，接下去他发出了深沉的感叹"菊之爱，陶后鲜有闻；莲之爱，同予者何人？牡丹之爱，宜乎众矣"。是的，滚滚红尘，又有多少人能避世以求一份真呢？晋有陶渊明，可现在却听都没听到还有人会这样做的。或是像我一样的，在尘世中能相守一份纯净的，有着我这样追求君子风范的，又有几人？大多数的人，皆在红尘世事中从众罢了。从这里可以看出，周敦颐是高傲的，他那种不从众只求纯净的心态，在碌碌尘世中是难能可贵的。他感叹，是因为世风日下，大多数人皆被世事沾染了。

此文高风亮节，清雅脱俗，精短，朗朗上口，实为古文中难得的精品短篇。而且一文双解，内容厚实而意境深远。加上其文近似白话，易读易解，所以成了流传后世脍炙人口的传世佳品。我们在赏析此文的时候，如果能感动于文中的志节，我想这也就是我们读此文的最佳所得吧。

（作者：刘向明）

读写津梁

书的征服

假若这个世界上没有书，会是一种什么样子呢？

精神失去了阳光，思想无法传播，知识不能保存，语言失去意义，人们的生活残缺不全，生命将变得无法忍受……

所以，书是人类一种伟大而美妙的发明。文明的征服其实也是书的征服。

书是最聪明、最可靠的老师和朋友。

有书为伴，孤独也是一种享受，深刻而丰富；闲暇将卓有成效；幽静将变得烂漫多彩；嘈杂也可以宁静和谐。移植生命，保持记忆，激发思想，传播知识，交流信息，表达灵感……

书有说不尽的好处。正因为如此，书才有强大的征服性和侵略性。我怕搬家就是怕搬书，所谓搬家主要就是搬书。每次搬家在家人和帮忙者的一再怂恿下都不得不扔掉一些书。逢年过节，把屋子收拾利索，长了能维持几个月，短了不消几天，屋子里又乱了，主要是书在捣乱，到处是书堆。外出总禁不住要逛书店，逛书店就不可能不买书。新书、准备要看的书、看了一半的书、写作正用得着的书、有保存价值的书，占据了我房子里的绝大部分空间；而且还不断扩展，每时每刻都在蚕食供我存身的那块空间。这不是侵略是什么？我舒舒服服、自得其乐地接受这种侵略和征服。

书不仅征服时间和空间，更征服人的大脑。但是，倘若一个人只是被书征服，而没有征服书，充其量也只能算个书虫子。正如培根所说，把自己的大脑当成草地，任别人的思想如马蹄一般践踏。那样的话，再好的书也将失去其魅力和价值。

会读书的人都懂得征服书。

学生们有这样的体会：一册很厚的新书，会愈读愈薄，到期末考试的时候就剩下那么几道题了。这叫吃透了，掌握了，征服了知识。

读其他的书也一样。即便先被书征服，最后还是要反过来把它征服。书能够给人提供多种选择：生命的选择，思想的选择，生活的选择。书里有各种各样的人生，使我们生活在自己选择的时代里。在自己的生命之外，还可以再补充别的自己所需要的人生，可以拥有多种人生经历。每看一本书就是进入那个作家的头脑之中，了解他的思想、感情、经验和智慧。

读书需要选择。如果不善选择，一生什么事都不干，光读别人的书也读不完，那又有什么意义呢？读——失去了意义，书——也失去了存在的价值。

我的办法是，翻遍所有能接触到的书，因为不亲自翻一翻就不知好坏，难以取舍；然后把那些没有什么价值的书扔掉——这种价值的评定是没有什么统一的唯一的标准的，可根据自己的需要视具体情况而定。一本书就像一根绳子，只有当它跟系着或捆着的东西发生关系时，它才有意义。同是一本书对于有的人毫无价值，对于另外一个人说不定就有点用处。

读书的功夫要下在需要认真阅读、仔细品味的一类书上。这类书能满足你的精神需要，激发你的才智，帮助你完善自己。你要征服的也是这样的书。多好的书也不是供香客朝拜的侍奉物。

有一些是供你消遣、娱乐的书，可在沉闷无聊的旅途上，在紧张疲劳之后，在工作之余，以及在睡不着觉的时候去读，而不必用正规的时间，我现在才真正感到时间宝贵，浪费不起。好像一天不再有24小时，只剩下20小时或18小时，其余的时间被电视和其他一些不用动脑子的活动占去了。我的窗台上和写字台周围书刊堆得过高了，就反省自己是不是读书的时间减少了。于是拼上几个晚上，把功课补齐。

当然，还有一部大书，每个人都需要终生不懈地精读、粗读、苦读、喜读，它就是社会这部活书。读它不能代替读印刷的书；同样，读印刷的书也不能代替读它。

（作者：蒋子龙）

作家要铸炼语言

提起文学语言，人们立刻会想到高尔基的话："语言是文学的基本材料，文学是语言的艺术。"说真的，这是连耳膜也听得起了茧的老话了。不过这句话所包含的严肃的意义，却还没有引起足够的注意。例证之一是：我们有些作品里存在着一些可以克服的语言运用上的毛病，我们的作家没有重视它们，没有提到高尔基说的那个原则的高度，认真地消灭它们，解决它们。

难道这仅仅是由于疏漏的缘故吗？

一个工人要认真学习切削，一个农民要讲密植程度，作家又怎么能够随随便便地对待自己的语言呢？我们知道，"自然物质"的赤裸裸的思想是并不存在的，思想要通过或者依附于一定的东西——画家用色彩线条，音乐家用音响旋律，文学家用的主要是语言。而且当我们把这种语言称作文学语言或者艺术语言的时候，这就意味着：它同时要具备绘画和音乐的特点，有色彩、有音响地来描写生活和反映思想。当然，一篇作品的生活和思想是主要的，内容在根本关键上总在决定着形式。但也不能够设想：丰富的生活和深刻的思想，却可以通过贫乏而苍白的语言来表现。一个作家能不能向读者提出这样的要求呢？譬如说："我的故事非常生动，思想也百分之百正确，可就是一点：不善于运用语言。请你根据我所想的、不要根据我所写的来判断吧，那才算公道哩。"显然，这是废话。读者不可能付出这样的"公道"。任何人都只能按照作家所运用的语言的形式，来判断他要表达的内容，判断他所描写的生活和思想。语言在这里起着相对的作用。一个作家如果在语言运用上从来没有苦闷，从来不曾对语言进行过斗争，我敢断言：他不会是一个好作家。

我们古人在诗歌创作上强调"炼字"，主张"意胜"，要做到"平字见奇，常字见险，陈字见新，朴字见色"。这就说明它们对艺术语言的重视，要求人们在这方面下刻苦的功夫。贾岛诗云："两句三年得，一吟双泪流。"卢延让也说："吟安一个字，拈断数茎须。"大概越是出色的作家，越不肯放松对自己的语言的铸炼。相传王安石写"春风又绿江南岸"，先用"到"字，再改"过"字，又换"入"字、"满"字；经过多次更易，最后才选定了"绿"字。刘公勇在词话里，极口称道"红杏枝头春意闹"，认为"一闹字卓越千古"。据说这个"闹"字也经过多次改动，临末才确定下来。其实"绿"也罢，"闹"也罢，好处就在于准确、鲜明、生动，带有动态地刻画了春天的蓬勃的生机。可见形象的突出，还必须依靠语言的渲染。福楼拜对他的学生莫泊桑说："无论你所要讲的是什么，真正能够表现它的句子只有一句，真正适用的动词和形容词也只有一个，就是那最准确的一句、最准确的一个动词和形容词。其他类似的却很多。而你必须把这唯一的句子、唯一的形容词找出来。"这说的正是同样的道理。我看古今中外，在文学语言的运用上，都不能离开这二条：刻苦的追求和严格的选择。

要求语言能够准确、鲜明、生动，作家必须不断地丰富自己的笔头：向生活汲取，从人民的口头采集。普希金跟他的奶妈学习语言；列夫·托尔斯泰一接触到民间语言，便写信告诉斯特雷霍夫，立意改变自己的文风和语法；契诃夫和客人谈话，听到有趣的谚语，总是要求对方再说一遍，然后拿出本子把它记下来；阿·托尔斯泰开始写作的时候，感到掌握语言的困难，对创作十分灰心，后来有人送他一本法院里审问犯人的记录，里面记着各种各样的口供，几乎都是活生生的俄罗斯语言，依靠这个宝藏他成功地写出了小说《诱惑》。高尔基说得更有趣，他说："从十六岁开始，我就作为一个别人私语的旁听者，一直活到现在的。"他有一大堆记录这种语言的小册子。当然，作家除了关心活的语言外，也从来不排斥书本，不忘记向本国的和外国的先辈学习。一个人倘不把已有的文化积累——包括语言——尽可能地占为己有，并且从这个基础上跨开步去，那他实际上是不懂得利用条件，让自己处在优势的地位。不过作为语言的取之不尽、用之不竭的源泉，毕竟还是来自活人——尤其是人民群众的口头。

历史已经不止一次地告诉我们：当社会急遽变化的时候，新的事物不断涌现，旧的关系不断改变，语言受到冲击，随着发生变化。我们的眼前便出现一个大矿藏。由于这种语言的规律还没有完全成形，显得幼稚、粗糙、混乱，然而其中的确有宝贝，埋藏着"语言的金子"。如果不加选择地按原样搬用，势必破坏民族语言的纯洁，倘使加工铸炼，却可以创造艺术语言的典范。这就是摆在作家面前的形势：走前一条路，他将成为社会主义时代的三家村学究；走后一条路，我说我们应该向他祝贺，他有可能成为我们时代的语言艺术的大师。是我故意扩大其词吗？不！我以为我倒是不折不扣地道出了客观的真相。

认真地铸炼我们的语言吧，对于作家来说，我们所处的是一个千载难逢的时代，一个在艺术语言上可以深入创造的时代！

（作者：唐弢）

文史广角

梁启超的文学改良主张

梁启超是19世纪末20世纪初晚清文学改良运动的发起者和鼓吹者。梁启超的文学改良主张,集中体现在他所提出的"诗界革命""小说界革命""文界革命"以及"戏剧改良"口号中,并对戊戌变法以后的文学走向乃至五四新文学的发生,都产生过多方面积极的影响。

诗界革命

早在1861年,黄遵宪就曾发出过"我手写我口,古岂能拘牵"的诗歌改良呼声,这当是诗界革命的前奏。1899年底,梁启超在由日本去夏威夷的途中,回顾总结了"新诗"创作的教训,正式提出了中国"非有诗界革命"的观点。1902年前后,梁启超在他相继主办的《清议报》《新民丛报》上,开辟了"新派诗"的创作园地,发表了《饮冰室诗话》连载论评,对诗界革命进行了有力的推动和较系统的论述。

总括梁启超的诗界革命主张,主要包含以下几方面的内容。

其一,中国诗歌要生存和发展,必须走改良革新之路:

余虽不能诗,然尝好论诗,以为诗之境界,被千余年来鹦鹉名士(余尝戏名词章家为"鹦鹉名士",自觉过于尖刻)占尽矣。虽有佳章佳句,一读之,似在某集中曾相见者,是最可恨也。故今日不作诗则已,若作诗,必为诗界之哥伦布、玛赛朗(即麦哲伦)然后可。

其二,真正的诗界革命当包括精神、意境和语言的革新:

过渡时代,必有革命。然革命者,当革其精神,非革其形式。吾党今好言诗界革命,虽然,若以堆积满纸新名词为革命,是又满洲政府变法维新之累也。能以旧风格含新意境,斯可以举革命之实矣。苟能尔尔,则虽间杂一二新名词,亦不为病。

其三,要向西方文学、中国民间通俗文学乃至其他各种艺术样式学习。

小说界革命

在晚清改良主义文学运动中,梁启超虽不是"小说界革命"的始倡者,但毫无疑问是其理论倡导的集大成者。

梁启超

总括梁启超的"小说界革命"主张,主要包含以下几方面的内容:

其一，从文学的功利性，尤其是社会和政治功利性出发，把小说看作"维新"的工具、"改良"的利器。作为一个改良主义者，梁启超十分强调小说的政治作用，尤其是在政治革新中的作用。在《政治小说〈佳人奇遇〉序》中，梁启超指出："彼美英德法奥意日本各国政界之日进，则政治小说为功最高焉。英名士某君曰：'小说为国民之魂。'岂不然哉！岂不然哉！"

其二，从文学的教化作用，尤其是对人的影响作用出发，推崇小说的思想启蒙作用和"支配人道"的力量。梁启超之所以主张"欲新一国之民，不可不先新一国之小说"，原因之一，是他认为文学自身就具有独特的"移人"作用；"而诸文之中能极其妙而神其技者，莫小说若"。因此，他强调"小说为文学之最上乘也"，"有不可思议之力支配人道"。

文界革命

梁启超所谓的"文界革命"，主要包括以下几方面的内容：

其一，主张"言文合一"。1896年，梁启超为沈学的《盛世元音》作序时，就提到"吾乡黄君公度之言曰：语言与文字离，则通文者少；语言与文字合，则通文者多"。在《新民说·论进步》一文中，梁启超一方面力陈言文分离之弊端："言文分而人智局也"；"言文分，则言日增而文不增，或受其新者而不能解，或解矣而不能达，故虽有方新之机，亦不得不窒"。另一方面，则推崇言文合一的好处："言文合，则言增而文与之俱增，一新名物新意境出，而即有一新文字以应之，新新相引，而日进焉"；"言文合，则但能通今文者，已可得普通之知识，其古文之学，待诸专门名家者之讨求而已，故能操语者即能读书，而人生必需之常识，可以普及"。

其二，提倡通俗化。在主张言文合一的同时，梁启超也大力提倡语言和文体的通俗化。在诗界革命的主张中，梁启超就提出以口语、俗语和新名词入诗。在文界革命的倡导中，反对传统文学的古典主义、形式主义倾向，提倡文学内容、精神的平民化和语言、文体的通俗化，便成为其主要目标之一。

其三，实践"新文体"。从提出语言文字的"言文合一论"，到提倡散文乃至文学的"言文合一体"；从反对传统古文的贵族化，到提倡文体、文风的通俗化；文界革命之于梁启超，既是一种大声疾呼的倡导，也是一种有意为之的实践。

戏剧改良

像诗歌、小说、散文一样，戏剧也

是梁启超文学改良视野中一个不可或缺的部分。1902年，也就是诗界革命、小说界革命和文界革命口号提出的同一年，梁启超在《新民丛报》上连续发表了《劫灰梦》《新罗马》《侠情记》传奇三种，正式揭开了近代戏剧改良的序幕；戏剧改良也随之成为改良派和革命派共同关注、进一步展开的话题之一。近代戏剧改良运动由此展开。

总括梁启超戏剧改良的思想，有以下两点：其一，强调戏剧的社会功能，提升戏剧的文学地位。一般说来，把传奇、杂剧与小说等同看待，是古代文论乃至近代大部分文论的一个特点。例如，即使在严复、夏曾佑乃至梁启超本人论及小说的时候，也时常以《西厢记》《牡丹亭》《桃花扇》等戏剧作品举证。这也从一个方面反映了诗文方为文学正宗，而小说、戏剧次之的传统文体观念。但也是由于同样的原因，当梁启超等维新派从"改良群治""新民"以及"支配人道"的启蒙作用，来提升小说地位时，也就同时论及并提升了戏剧的地位。其二，进行戏剧改良实践，革新戏剧的内容、形式。梁启超一方面强调戏剧的社会作用，提升其文学地位，另一方面，在总结归纳传统戏剧自身特点的同时，积极进行戏剧改良实践，努力探索戏剧内容和形式的革新。

例如，其《劫灰梦》传奇以时政入戏，抒发了对国家兴亡的感慨。其《新罗马》传奇以意大利烧炭党人的事迹为题材，开中国戏曲"提紫髯碧眼儿"，"以中国戏演外国事"的先例。所有这些，在尔后的文明戏、早期话剧中都得到进一步继承和发挥。

独树一帜的唐宋散文

在中国文学的发展史上，唐宋时期是一个辉煌的阶段。这一时期，文学体裁丰富，文学流派纷呈。尤其是唐诗宋词，达到了发展的高峰期。散文的发展在这一阶段也取得重大收获。

唐初骈文盛行，大多数文人沿袭了六朝以来的文风。散文的发展变化和诗歌的发展变化并不同步，虽然不断有人提倡简古实用的散文，如陈子昂提倡风雅兴寄等，但这时并未形成文体文风改革的普遍风气。到中唐，韩愈、柳宗元以复古相号召，倡导古文运动，致力于恢复散文的主导地位。他们提倡先秦两汉时期的散文形式，反对骈文，主张文章必须"志道""明道"，即反映儒家思想，强调文章要抒发个人真情实感，褒贬社会现实，有充实的思想内容。文章的形式为内容服务，强调文从字顺，使人耳目一新，如《张中丞传后叙》

等。柳宗元文章风格雄深雅健，峻洁精洁，尤擅长于山水游记、寓言、传记及议论体文章的写作。在柳宗元手中，"古文"的写作技巧进一步提高，表现艺术也更显成熟。著名的如《钴鉧潭西小丘记》《捕蛇者说》等。晚唐散文以罗隐、皮日休、陆龟蒙等所写的小品文为代表，由于韩、柳等倡导古文的影响，晚唐还产生了散文化的赋，如杜牧的《阿房宫赋》等。

散文在唐代韩、柳等人的提倡下取得很大成就，但韩、柳之后，骈文又死灰复燃，这就给宋代文坛提出了新的革新要求。欧阳修是诗文革新运动的领袖，他继韩、柳之后，继续致力于散文的革新和创作。其散文平易流畅，清新自然，具有婉约含蓄之风貌。如著名的《醉翁亭记》《秋声赋》等，文辞练达，韵致无穷，是散文中的佳篇。他在创作和理论上都吸取了唐代散文的经验和教训，并不绝对摒弃骈文，他注意吸收骈文在词采、声调等方面的长处，使散文更加健康地发展。继欧阳修之后，苏轼以宋代散文的发展做出了重要贡献，与其父苏洵、弟苏辙，并称"三苏"。苏轼的思想气度恢宏，才气纵横，诗、文、词、赋、书、画皆所擅长。他主张文、道并重，他的文章汪洋恣肆，清新自然，如万斛泉源。如著名的《石钟山记》《前赤壁赋》等，都体现出娴熟的艺术技巧。另外，宋代其他散文家如王安石、曾巩、苏洵、苏辙的散文也各有特点，王安石文风简洁峻切，曾巩平正周详，苏洵善辩，苏辙婉转。

总之，欧、苏等的散文创作吸取了韩、柳文体改革的特点，又着重在文风上加以探索，创造了比韩、柳更为平易流转的风格。明代艾南英说："文至宋而体备，至宋而法严。"

后世出现了许多关于唐宋散文的选本。明代茅坤编的《唐宋八大家文钞》即选辑了唐代韩愈、柳宗元，宋代欧阳修、曾巩、王安石、苏洵、苏轼、苏辙八位作家的散文作品，作为人们学习唐宋古文的范本，后人也因此而称这八人为"唐宋八大家"。

趣味语文

古人玩儿字

古人造字，也最会玩儿字。

比如杀人，直接写一"杀"字不就得了？古人却硬要搞点儿区别。臣杀君，或子杀父，写成"弑"；杀有罪之人，写成"诛"。前者是下杀上，大逆不道；后者是上杀下，被杀者罪有应得。只有民杀民，或官杀官，即同等级别之间杀,才写成"杀"。杀人夺命,杀者与被杀者关系不同,用字就不同。

字是死的,没有上下尊卑。人是活的,却有上下尊卑关系。身子一挺眼睛一闭,死了,直接写一"死"字不就得了?古人却硬要表达出"死"的不同等级——天子死叫"崩",诸侯死叫"薨",大夫死叫"卒",士人死叫"不禄"。只有老百姓死才写成"死",无喜无悲,无情无感,跟猪狗的死差不多。"死"字不同,概因埋藏的礼仪不同,厚薄不同,上下尊卑的等级不同。连"死"都有别,还用得着说"生""老""病"吗?

汉字,形音义结合,造起来麻烦,用起来更麻烦。古代帝王玩儿起来,却一点不嫌麻烦,总给百姓增添麻烦。帝王玩儿字,其实就是玩儿人,比如避帝王之讳,名堂很多,把人玩得够呛。

庄氏,避汉明帝刘庄讳,改为严氏。姬氏,避唐玄宗李隆基讳,改为周氏。不仅讳姓,还要讳名。唐初宰相裴世矩,避唐太宗李世民讳,不得不去"世",改为裴矩。人算老几,神仙都得让路!众所周知的观世音菩萨,原本名正言顺的,但为了避唐太宗李世民名讳,就改称观音菩萨。

活着的要避,死了的也要避。秦汉之际的策士蒯彻,死后因为汉武帝刘彻即位,在《史记》中便被改称蒯通。南齐时将军薛道渊,因避齐太祖萧道成名讳,去"道"而称为薛渊;到了唐代编修《南史》时,因避唐高祖李渊名讳,再改称为薛深。"行不更名,坐不改姓",只有帝王才能做到。一个人姓甚名谁,有时候并不由父母做主,也不由自己做主。

人名儿要避,地名儿也要避。秦始皇之父,秦庄襄王讳楚,秦始皇称帝之后,便下令把湖北楚州改为荆州。西晋愍帝司马邺即位后,便把建业(今江苏南京)改为建康。五代后唐庄宗李存勖即位后,因其父名国昌,改孝昌县为孝感县。"普天之下,莫非王土。率土之滨,莫非王臣",人名地名算个啥呢?不都可以是帝王玩儿的文字游戏吗?

古代帝王玩儿字,玩儿的是权术。现代人也玩儿字,玩儿的是金钱利益。比如一些物欲物求的广告语,就玩儿字玩儿得得心应手,把消费者玩儿得"舒舒服服"——有店铺挂一牌子,上书"最后一天清仓大削价",醒目得很,但"最后一天"具体指哪一天?无始无终,每一天都是最后一天,这块牌子可以挂上一年两年,一点都不会过时。

(作者:王章伦)

五 品味诗情

中华民族是诗意民族，自《诗经》开源，后唐诗兴波，汩汩滔滔，一路行吟，诉说着家国的兴衰和生命的不屈，演绎着人生的多姿多彩。阅读社会，品味诗情，构建自己的诗意人生。

主题阅读

西北三绿

古曲有《阳关三叠》，如怨如诉，叙西北之荒凉，写旅人之悲怆。今天，当我也作西北之行时，却感到别有一番生机，即兴所记，而成西北三绿。

刘家峡绿波

当我乘交通艇，一进入黄河上游的刘家峡水库时，便立即倾倒于她的绿了。这里的景色和我此时的心情，是在西北各处和黄河中下游各段从来没有过的。

一条大坝拦腰一截，黄河便膨胀了，宽了，深了，而且性格也变得沉静了。那本是夹泥带沙，色灰且黄的河水；那本是在山间湍流，或在塬上漫溢的河床，这时却突然变成了一汪百多平方公里的碧波。我立即想起朱自清写梅雨潭的那篇《绿》来。他说："那醉人的绿呀，仿佛一张极大极大的荷叶铺着……"我真没有想到，这以"黄"而闻名于世的大河，也会变成一张绿荷叶。水面是极广的。向前，看不到她的源头，向后，望不尽她的去处。我挺身船头，真不知该作怎样的遐想。朱自清说，西湖的绿波太明，秦淮河的绿波太暗，梅雨潭的特点是她的鲜润。

刘家峡

而这刘家峡呢？我说她绿得深沉，绿得固执。沉沉的，看不到河底，而且几尺深以下就都看不进去，反正下面都是绿。我们平时看惯了纸上、墙上的绿色，那是薄薄的一层，只有一笔或一刷的功底。我们看惯了树木的绿色，那也只不过是一叶、一团或一片的绿意。而这是深深的一库啊，这偌多的绿，可供多少笔来蘸抹呢？她飞化开来，不知会把世界打扮成什么样子。大湖是极静的，整个水面只有些微的波，像一面正在晃动的镜子，又像一块正在抖动的绿绸，没有浪的花、涛的声。船头上那白色的浪点刚被激起，便又倏地落入水中，融进绿波；船尾那条深深的水沟，刚被犁开，随即又悄然拢合，平滑无痕。好固执的绿啊。我疑这水确是与别处不同的，好像更稠些，分子结构更紧些，要不怎会有这样的性格？

这个大湖是长的，约有六十五公里，但却不算宽，一般宽处只有二三公里吧，总还不脱河的原貌。一路走着，我俯身在船舷，平视着这如镜的湖面，看着湖中山的倒影，一种美的享受涌上心头。山是拔水而出的，更确切点，是水漫到半山的。因此，那些石山，像柱，像笋，像屏，插列两岸，有的地方陡立的石壁，则是竖在水中的一堵高墙。因为水的深绿，那倒影也不像在别处那样单薄与轻飘，而是一溜庄重的轮廓，使人想起夕阳中的古城。在这样的地方，这样的时刻，即使游人也不敢像在一般风景区那样轻慢，那样嬉戏，那样喊叫。人们依在舷边，伫望两岸或凝视湖面。这新奇的绿景，最易惹人在享受之外思考。我知道，这水面的高度竟是海拔一千七百多米。李白诗云"黄河之水天上来"，那么，这个库就是一个人们在半空中接住天水而造的湖，也就是说，我们现时正坐看半空水上游呢。我国幅员辽阔，人工的库、湖何止万千，刘家峡水库无论从高度、从规模上，都是首屈一指的。当年郭沫若游此曾赋词叹道："成绩辉煌，叹人力真伟大。回忆处，新安鸭绿，都成次亚。"那黄河本是在西北高原上横行惯了的，她从天上飞来，一下子被锁在这里。她只有等待，在等待中渐渐驯顺，她沉落了身上的泥沙，积蓄着力量，磨炼着性格，增加着修养，而贮就了这汪沉沉的绿。她是河，但是被人们锁起来的河；她是海，但是人工的海。她再没有河流那样的轻俏，也没有大海那样的放荡。她已是人化了的水泊，满贮着人的意志，寄托着人们改造自然的理想。她已不是一般的山洼绿水，而是一池生命的乳浆，所以才这样固执，这样深沉，才有这样的性格。

船在库内航行，不时见两边的山坡上探下一根根的粗管子，像巨龙吸水，头一直埋在湖里，那是正修着的扬水工程。不久，这绿水将越过高山，去灌溉戈壁，去滋润沙漠。当我弃舟登岸，立身坝顶时，库外却是另一种景象。一排有九层楼高的电厂厂房，倚着大坝横骑在水头上。那本是静如处女的绿水,从这厂房里出来后,瞬即成为一股急喷狂涌的雪浪,冲着、撞着向山下奔去,她被解放了,她完成任务了,她刚才在那厂房里已将自己内涵的力转化为电。大坝外,铁塔上的高压线正向山那边穿去。像许多一齐射出的箭。她带着热能,东至关中平原,西到青海高原,北至腾格里沙漠,南到陇南。这里的工作人员说,他们每年要发五十六亿度电,只往天水方向就要送去十六亿度,相当于节煤一百二十万吨呢。我环视四周,发现大坝两岸山上的新树已经吐出一层茸茸的绿意,无数喷水龙头正在左右旋转着将水雾洒向它们。是水发出了电,电又提起水来滋润这些绿色生命。这沉沉的绿水啊,在半空中作着长久的聚积,原来是为了孕育这一瞬的转化,是为了获得这爆发的力。现在刘家峡的上游又要建十一个这样大的水库了,将要再出现十一层绿色的阶梯。黄河啊,你快绿了,你将会"碧波绿水从天来,奔流到海不复回"。刘家峡啊,你这一湖绿色会染绿西北,染绿全国的。我默默地祝贺着你。

天池绿雪

雪,自然不会是绿的,但是它却能幻化出无穷的绿。我一到天池,便得了这个诗意。

在新疆广袤的大地上旅行,随处可以看见终年积雪的天山高峰。到天池去,便向着那个白色的极顶。车子溯沟而上,未见池,先发现池中流下来的水,成一条河。因山极高,又峰回沟转,这河早成了一条缠绵无绝的白练,纷纷扬扬,时而垂下绝壁,时而绕过绿树。山是石山,沟里无半点泥沙,水落下来摔在石板上跌得粉碎,河床又不平,水流过七棱八角的尖石,激起团团的沫。所以河里常是一团白雾,千堆白雪。我知道这水从雪山上来,先在上面贮成一池绿水,又飞流而下的。雪水到底是雪水,她有自己的性格、姿态和魅力。当她飞动起来时,便要还原成雪的原貌。她在回忆自己的童年,她在流连自己的本性。她本来是这样白,这样纯,这样柔,这样飘飘扬扬的。她那飞着的沫,向上溅着,射着,飘着,好像当初从天上下来时舒舒慢慢的样子。她急慌慌地将自己撞碎,成星星点点,成烟,成雾,是为了再乘风飘去。我还未到天池边,就想,这就是天池里的水吗?

天 池

等到上了山，天池是在群山环抱之中。一汪绿水，却是一种冷绿。绿得发青、发蓝。雪峰倒映在其中，更增加了她的静寒。水面不似一般湖水那样柔和，而别含着一种细密、坚实的美感，我疑她会随时变成一面大冰的。一只游艇从水面划过，也没有翻起多少浪波，轻快得像冰上驶过一架爬犁。我想要是用一小块石片贴水飘去，也许会一直飘滑到对岸。刘家峡的绿水是一种能量的积聚，而这天池呢？则是一种能量的凝固。她将白雪化为水，汇入池中，又将绿色作了最大的压缩，压成青蓝色，存在群山的怀中。

池周的山上满是树，松、杉、柏，全是常青的针叶，近看一株一株，如塔如纛，远望则是一海墨绿。绿树，我当然已不知见过多少，但还从未见过能绿成这个样子的。首先是她的浓，每一根针叶，不像是绿色所染，倒像是绿汁所凝。一座山，郁郁的，绿的气势，绿的风云。再就是她的纯。别处的山林在这个季节，也许会夹着些五色的花，萎黄的叶，而在这里却一根一根，叶子像刚刚抽发出来；一树一树，像用水刚刚洗过，空气也好像经过了过滤。你站在池边，天蓝，水绿，山碧，连自身也觉通体透明。我知道，这全因了山上下来的雪水。只有纯白的雪，才能滋润出纯绿的树。雪纯得白上加白，这树也就浓得绿上加绿了。

我在池边走着，想着，看着那地中的雪山倒影，我突然明白了，那绿色的生命原来都冷凝在这晶莹的躯体里。是天池将她揽在怀中，慢慢地融化、复苏，送下山去，送给干渴的戈壁。好一个绿色的怀抱雪山的天池啊，这正是你的伟大，你的美丽。

丰收岭绿岛

从戈壁新城石河子出发，汽车像在海船上一样颠簸了三个小时后，我登上了一个叫丰收岭的地方。这已经到了有名的通古特大沙漠的边缘。举目望去，沙丘一个接着一个，黄浪滚滚，一直涌向天边。没有一点绿色，没有一点声音，不见一个生命。我想起瑞典著名探险家斯文赫丁在我国新疆沙漠里说过的一句话："这里只差一块墓碑了。"好一个死寂的海。再往前跨一步，大约就要进入另一个世界。一刹那，我突然感到生命的宝贵，感到我们这个世界的可爱。我不由回过身来。

只见沙枣、杨、榆、柳，筑起莽莽的林带。透过绿墙的缝隙，后面是方格的农田，红的高粱，黄的玉米，白的棉花，正扬着笑脸准备登场。这大概就是丰收岭名字的由来。起风了，风从沙漠那边来，那苍劲的沙枣，挺起古铜色的躯干，挥动厚重的叶片；那伟岸的白杨，拔地而起，在云空里傲视着远处的尘烟；那繁茂的榆柳拥在白杨身下，提起她们的裙裾，笑迎着扑面的风沙。绿浪澎湃，涛声滚滚，绿色就在我的身后，我不觉胆壮起来。这绿色在史前原始森林里叫人恐怖；在无边的大海上，让人寂寞；在茫茫的草原上，使人孤独。而现在，沙海边的这一点绿色啊，使人振奋，给人安慰，给人勇气，只有在此时此地，我才真正懂得，绿色就是生命。现在，这许多的绿树，连同她们的根须所紧抱着的泥沙，泥沙上覆盖着的荆棘、小草，已勇敢地深入到沙海中来，形成一个尖圆形的半岛。我沿半岛的边缘走着，想到最前面去看看那绿色和黄沙的搏斗。前面杨、榆、柳那类将帅之木已经没有，只派这些与风沙勇敢肉搏着的尖兵。她们是红柳、梭梭树、沙拐枣、沙打子旺等灌木，一簇簇，一行行。要论个人容貌，她们并不秀气，也不水灵，干发红，叶发灰，而且稀疏的枝叶也不能尽遮脚下的黄沙。但这是一个伟大的群体，方圆几百亩，我抬头望去，一片朦胧的新绿，正是"沙间绿意薄如雾，树色遥看近却无"。这绿雾虽是那样的淡，那样的薄，那样的柔，但却是一张神奇的网，她罩住了发狂的沙浪，冲破了这沉沉的死寂。我沿着人工栽植的灌木林走着，只见一排排的沙土已经跪伏在她们的脚下，看来这些沙子已被俘获多时，沙粒已经开始黏结，上面也有了稀疏的草，有了鸟和兔子的粪，已有了生命的踪迹。治沙站的同志告诉我，前两三年这脚下是流动的沙丘，我们引进这些沙生植物后，沙也就驯服多了。梭梭林前涌起的沙梁，虽将头身探起老高，像一匹嘶鸣的烈马，但还是跃不过树丛。那树踩着它的身子往上长，将绿的枝去抽它的背，用绿的叶去遮它的眼，连小草也敢"草假树威"，到它的头上去落籽生根。它终于认输了，气馁了，浑身被染绿了。治沙站的同志又转过身子，指着远处那些高大的防风绿墙说："七八年前，连那些地方也是流沙肆虐之地。"我停下脚来重新打量着这个绿岛，她由南而北，尖尖地伸进沙漠中来，像一支绿色的箭，带着生命世界的信息，带着人们征服荒原的意志，来向这块土地下战表了。漠风吹过来，这个绿岛上涛声滚滚，潮起潮落，像一股冲进荒漠里的绿流，正浸润着黄沙，慢慢地向内渗移。我联想到，千百年来流水剥去了大地的绿衣，黄河毁了多少田园，挟带着泥沙冲进碧波滔滔的大海。黄色在海口渐渐蔓延，渐渐推移，于是我们的海域内竟出现了一座黄海。这是大自然的创造。而现在,人们却让沙海边出现了一座绿岛。这是人的创造。

我在这座人工绿岛上散步,细想着,这里的绿不同于黄河上碧绿的水库,也不同于天山上冷绿的天池,那些绿的水,是生命的乳汁,是生命的抽象,是未来的理想,而这里的绿,就是生命自己,是生命力的胜利,是伟大的现实。

丰收岭的绿岛啊,就从这里出发,我们会收获整个世界。

我从西北回来顺手摘了这三片绿叶。亲爱的读者,你看,西北还荒凉吗?我可以骄傲地宣布,我们的西北将会出现历史上最美丽的时期。

(作者:梁衡)

赏析

把情寄于人寄于事并不难,但寄于颜色,就困难许多。颜色是一种感受,常常是悬空的、飘忽的、游移的。梁衡的这篇散文,情满意满,其中的人和事只是模糊的线条,承载"情"的只是那一个"绿"字。可贵的是,梁衡的"绿"又是丰富的、饱满的、变换的、多层次的,读来令人趣味盎然。

麦 天

一过清明,绿油油的麦苗就像睡醒吃饱喝足了的孩子,噌噌地往上蹿。只几番风摇雨洗,麦子便扬花了,又几日暴晒,先前绿毡一般的田地,就显出些杏黄色了。

说到杏黄色,那些藏在叶底的青绿色酸杏,也比着劲,从绿叶上露出些艳红和淡黄的脸庞来。一整夜一整夜,"算黄算割"的鸟唱,吵扰着农人的甜梦,让人弄不清是梦是醒。

麦天,真的要到了。

关中人把收麦的日子叫麦天。麦天,是农人的苦日子,却也是大节日。许多年许多代以前,有一位叫白居易的诗人,有一天便是站在关中大地这金黄的麦田边,看着农人挥镰割麦,写下一些诗句:"农家少闲月,五月人倍忙。夜来南风起,小麦覆陇黄。"这首《观刈麦》的诗被叫作悯农诗。看着农人忙碌辛苦的劳作,想着他们艰难的日月,诗人难免不生出些感慨。这诗句于是便和麦子一同在田地里生根,一代一代生长着,收割着,被吟唱着。

从麦子泛出杏黄色开始,农家的节日也就开始了。和着端午节的临近,路上走亲戚的人也便多了起来。"麦梢黄,女看娘"。穿得光洁鲜亮的女子,先前有步行的、骑驴的；如今，有骑自行车、摩托车的；村子通了公路，也有一招手上了公共汽车的。出嫁的女儿，每每这时候，赶在忙前这段空闲，要走走娘家。走亲戚不能空手，胳膊上挎着篮子，拎着袋子，提着盒子，装的无非是些鲜果吃食之类。母女们，别管多见面、少见面，一聚了头，就有说不完的话。说思念，叙家常，夸丈夫，聊孩子；自然也少不了说些打工挣钱的难处，孩子上学的忧心，新农村建设的信息。到了饭时，女儿又随娘入厨，像先前未嫁时，熟盆熟碗地做一顿好饭，孝顺父母。

女去看娘，男人守在家忙麦收前的杂事。搭镰前最后一集是"忙农会"，县里剧团也到集市凑凑热闹，急锣紧鼓要唱《喜开镰》。各类夏收物资一应俱全挤满市场，镰刀扫把，筛子簸箕，应有尽有。树荫下，男人们三个一堆，五个一团，聚在一起聊天。无非是说，今年麦子长得厚，费镰费胳膊，吃苦的日子到了。脸上却是掩不住心里的喜悦。先前，从甘肃上来的麦客，早早就往关中赶。一路上，蚂蚁般从西往东赶，跟着麦熟先后，次第向西割过来，叫赶麦场。那种人头攒动，此呼彼应，熙熙攘攘，煞是热闹，构成关中麦天一景。如今，麦客们少了，一路上都是鲜红的收割机，突突突，吼个不停，进了麦田，就如机船下了海，所过之处，留下的只是一地黄亮亮金灿灿的麦茬，散发着湿润的草香。收麦的时间由此大大缩短，种田人此刻只需跟了机器，张开口袋，把哗哗装满麦粒的粮袋运回家就是。

毕竟还是五黄六月，头顶一团火球，身上汗珠子擦了又出。早晨起个大早，白天累一天，晚上一碰枕头跌进梦乡，摇不醒叫不应。麦天的日子，累人的日子。心疼丈夫，这些天，妻子得把饭食做可口，得上"硬料"。先是锅盔、面，只两顿，男人说：吃不进去，有些汤水便好。女人另想法子，买些精肉，配上黄花木耳菠菜豆腐，做成酸酸辣辣的臊子；然后，使出看家的本领，把面和硬揉匀擀薄犁细，如同俗语说的："薄如纸细如线，下到锅里莲花转"。一碗香喷喷的臊子面端给男人，看着他三口五口一碗，吸得滋滋溜溜响，女人心里别提多舒坦。改日，又变了花样，割一把鲜鲜嫩嫩的水芹菜，在瓷盆里泡成酸菜酸汤。再将那芹菜切碎，配了油、葱花在锅里一炒，酸汤一并倒了进去；烧滚放凉，细白的面条浇上这酸菜汤，叫浆水面，热天吃了，落汗下火。看那碗里，汪汪地飘着葱花、辣油，面前放一头园子里新拔出的嫩蒜，紫紫的皮包着白胖胖的身子，再有几条顶花带刺的黄瓜,你就吃吧!男人吃完一老碗又一老碗,嘴里吱哑有声,身上却硬是不出汗,你说怪不!

"算黄算割",鸟还在彻夜地叫。老人们说,那鸟是人变的。说是从前,有个农人总以为麦子全黄了熟了再割,结果,一场暴雨,麦子全泡在田里了,颗粒无收。气死了的农人,变成了鸟,一到麦天,就白天彻夜地叫,提醒农人麦子一边黄,就得一边割。虽说,这道理农人都懂,不用提醒,鸟儿们仍要坚持着叫到忙罢,直到嗓子滴出血。到那时,你听吧,叫声又改成"布谷"、"布谷"了。收完麦子,该是种苞谷的时候了。

一场龙口夺食的麦天总算过去了。新麦入囤,满屋子都是麦香、馒头香、锅盔香。忙了一季子的男人,长刺刺躺在炕上,望着麦囤,嘴里哼着秦腔。想啥?啥都不想,忙活了一年,身子脑子都该歇歇了。偶一抬头,望见窗外,黑云蒙蒙,淅淅沥沥落下雨点来,睡意便水一般弥漫上来。

(作者:雷抒雁)

清明,绿油油的麦苗就像睡醒吃饱喝足了的孩子,噌噌地往上蹿""穿得光洁鲜亮的女子,先前有步行的、骑驴的;如今,有骑自行车、摩托车的";你听,"一碗香喷喷的臊子面端给男人,看着他三口五口一碗,吸得滋滋溜溜响,女人心里别提多舒坦""'算黄算割',鸟还在彻夜地叫"。你看着听着,不由地发出对农家生活的赞叹,不由得也想生活在这麦天里!

含英咀华

《紫藤萝瀑布》赏析

同样的花草面对不同的人,可能会唤起不同的审美感受。女作家宗璞更多注意的,常常是丁香、二月兰、玉簪、木槿、紫藤萝这样的花,它们虽平凡而柔弱,却有着生命的尊严与蓬勃。她往往会从这些小小的生命中发掘出许多美好的品性,并借此表达对于美好人性的追求。《紫藤萝瀑布》这篇散文便传达了这样的一种追求。

这篇散文写的是作者重见紫藤萝盛开,而引发的对生命的感慨。文章从紫藤萝引人驻足、炫人眼目的美丽写起。盛开的藤萝花像辉煌的淡紫色的瀑布,色调的错落有致,阳光下的跳跃闪烁,

赏析

读着这篇作品,你肯定会说,作者就生活在麦天里,不然不会写得这么鲜活,写得这么滋味浓郁。你看,"一过

使它仿佛有了生命,给人一种"在流动,在欢笑,在不停地生长"的感觉。

藤萝不与群芳争胜,它们静静开在春花已谢的时节,踏春的人无意流连,蜂蝶亦不来眷顾。然而,它们仍然盛开着,尽情绽放着它们自己的生命。虽然是静静的,但那挨挨挤挤的繁盛让人觉得它们在骄傲坦荡地为自己美丽的存在而欢腾笑闹。

在描述了藤萝带给自己的强烈的瀑布般的整体印象后,作者的笔触沿自己的视线所及,从细处落墨,描写了组成那神奇瀑布的每一朵小花。原来那迸溅着的浅色水花,是已经盛开了的;那流动的、仿佛沉淀了的紫色瀑水,便是正含苞待放的。而每一朵盛开的花又像是在那紫色河流上轻泛的一叶扁舟,这张满了帆的小舟有着鼓鼓的舱,"又像一个忍俊不禁的笑容,就要绽开似的"。——这些小生命盛着怎样的仙露琼浆,才会有这神话样的美丽啊!作者几乎感到有点疑惑了,忍不住想摘一朵来看看。

但是作者没有摘花的习惯。在这一犹疑地驻足中,她陷入了凝思。这美丽的紫色瀑布不再只是眼前的景致,它也缓缓流过作者的心,使她一点一点从连日来对小弟的病痛的焦虑、悲痛中平静下来。这架盛开的藤萝几乎有一种魔力,不唯光彩,它的芳香似乎也是浅紫色的,将作者笼罩在宁静与喜悦中。她忽然记起从前的家,门外也曾有过一大株爬得很高,但花朵从来都稀落的紫藤萝。在那个年代,由于"花和生活腐化有什么必然关系",连这稀零的藤萝后来也没有了。过了这么多年,藤萝终于又开花了,而且开得这样盛,这样密。

文章至此点明了主题:"花和人都会遇到各种各样的不幸,但是生命的长河是无止境的。"——原来那使紫藤萝花如此美丽与繁盛的仙露琼浆,就是"生命的酒酿"啊!看到这里,读者自然会想到,人亦如花,时代的洪流总会冲走种种令人不快的过往。只要你也加快脚步,张起生命的风帆,在这闪光的时代中航行,你也会再次盛开,你也会是组成那灿烂瀑布的一朵浪花,不是吗?

宗璞的写景散文,一向重在对客观景物作精细、真切的描摹。她以女性作家特有的细腻与爱心体贴物情,品味景物的最积极的内在精神,比如这藤萝花的充盈蓬勃的生命力,与既灿烂奔放又耐得寂寞的纯朴本性。同时,她避免主观的渲染抒发,避免直接的说教,而是以客观、精微、从容的笔调来叙写自己所体味到的,力图使读者能够自己去领略这景物的精神与意义。这与宗璞本人醇厚自然的天性，重视内敛的个人修养，与直面人生的勇气是分不开的。

比如在这篇《紫藤萝瀑布》中，假使作者真的摘了一朵花来仔细欣赏，那么她的注意力就会一直在这花的美丽上了；唯其惜花驻足，作者与如水的繁花才有了内在的沟通，它抚慰了作者的郁痛，作者才能在宁静与喜悦中，把对这美丽的感触升华为对生命的感触。而假使作者直接盛赞这花的生命力，读者也不过是感叹藤萝之热烈美盛；唯其回想与展望交织，内在精神与外在情态并举，读者才会更加深刻地体会到今日的丰茂曾经经过怎样长久而执着的期待，在倍加珍惜的同时，更会鼓舞起你拥抱生活的热情。

本文有着宗璞写景散文的一贯风格：积极又含蓄的主题追求，婉曲有致的感情流露，精美的景物描写，简洁精练的文字表达。由于文章的写作是在创乱初定、热情复炽的年代，这篇优美的散文便有着更普遍的时代意义，在当代散文史上有着重要的地位。

（作者：张梅；选自《中国现代散文鉴赏文库》）

岱宗夫如何

《望岳》是杜甫青年时代的作品，充满了诗人青年时代的浪漫与激情。全诗没有一个"望"字，却紧紧围绕诗题"望岳"的"望"字着笔，由远望到近望，再到凝望，最后是俯望。诗人描写了泰山雄伟磅礴的气象，抒发了自己勇于攀登、傲视一切的雄心壮志，洋溢着蓬勃向上的朝气。

首句"岱宗夫如何"写乍一望见泰山时，高兴得不知怎样形容才好的那种揣摩劲和惊叹仰慕之情，非常传神。岱是泰山的别名，因居五岳之首，故尊为岱宗。"夫如何"，就是"到底怎么样呢？""夫"字在古文中通常是用于句首的语气助词，这里把它融入诗句中，是个新创，很别致。这个"夫"字，虽无实在意义，却少它不得，"传神写照，正在阿堵中"，可谓匠心独具。

接下来"齐鲁青未了"一句，是经过一番揣摩后得出的答案。它没有从海拔角度单纯形容泰山之高，也不是像谢灵运《泰山吟》那样用"崔崒刺云天"这类一般化的语言来形容，而是别出心裁地写出自己的体验——在古代齐鲁两大国的国境外还能望见远远横亘在那里的泰山，以距离之远来烘托出泰山之高。泰山之南为鲁，泰山之北为齐，所以这一句描写出的地理特点，在写其他山岳时不能挪用。

"造化钟神秀，阴阳割昏晓"两句，写近望中所见泰山的神奇秀丽和巍峨高大的形象，是上句"青未了"的注脚。一个"钟"字把天地万物一下写活了，整个大自然如此有情致，把神奇和秀美都给了泰山。山前向日的一面为"阳"，山后背日的一面为"阴"（山南水北为"阳"，山北水南为"阴"），由于山高，天色的一昏一晓被割于山的阴、阳面，所以说"割昏晓"。这本是十分正常的自然现象，可诗人妙笔生花，用一个"割"字，则写出了高大的泰山一种主宰的力量，这力量不是别的，泰山以其高度将山南山北的阳光割断，形成不同的景观，突出泰山遮天蔽日的形象。这里诗人以此笔使静止的泰山顿时充满了雄浑的力量，而那种"语不惊人死不休"的创作风格，也在此得到显现。

"荡胸生层云，决眦入归鸟"两句，是写细望。见山中云气层出不穷，故心胸亦为之荡漾。"决眦"二字尤为传神，生动地体现了诗人在这神奇缥缈的景观面前像着了迷似的，想把这一切看个够，看个明白，因而使劲地睁大眼睛张望，故感到眼眶似有决裂。这情景使泰山迷人的景色表现得更为形象鲜明。"归鸟"是投林还巢的鸟，可知时已薄暮，诗人还在望。其中蕴藏着诗人对祖国河山的热爱和对祖国山河的赞美之情。

末句的"会当凌绝顶，一览众山小"两句，写诗人从望岳产生了登岳的想法，体现了中华民族自强不息的精神。此联号为绝响，再一次突出了泰山的高峻，写出了雄视一切的雄姿和气势，也表现出诗人的心胸气魄。"会当"是唐人口语，意即"一定要"。如果把"会当"解作"应当"，便欠准确，神气索然。众山的小和高大的泰山进行对比，表现出诗人不怕困难、敢于攀登绝顶、俯视一切的雄心和气概。这正是杜甫能够成为一个伟大诗人的关键所在，也是一切有所作为的人们所不可缺少的。这就是这两句诗一直为人们所传诵的原因。正因为泰山的崇高伟大不仅是自然的也是人文的，所以登上的极顶的愿望本身，当然也具备了双重的含义。

全诗以诗题中的"望"字统摄全篇，句句写望岳，但通篇并无一个"望"字，而能给人以身临其境之感，可见诗人的谋篇布局和艺术构思是精妙奇绝的。这首诗寄托虽然深远，但通篇只见登览名山之兴会，丝毫不见刻意比兴之痕迹。若论气骨峥嵘，体势雄浑，更让后出之作难以企及。

（作者：贾文）

读写津梁

闲话读书

古人对读书很在意，尽管读书人在社会上位置不高。但读书与读书人是两回事。可以看不起读书人，但看得起读书，于是留下了许多发愤读书的故事。如"萤入疏囊"，据《晋书·车胤传》："（胤）博学多通，家贫不常得油，夏月则练囊盛数十萤火以照书，以夜继日焉。"如"雪映窗纱"，据《尚友录》卷四："孙康，晋京兆人，性敏好学，家贫无油，于冬月尝映雪读书。"如"凿壁偷光"，据《西京杂记》卷二："（匡衡）勤学而无烛，邻舍有烛而不逮，衡乃穿壁引其光，以书映光而读之。"还有"头悬梁，锥刺骨"之类，不胜枚举。

但是古人对读书的益处，认识似乎并不深刻。在某些高雅之士那里，也有"读书可以修身养性"的认识，但在一般人眼里，读书的目的也就只剩下一个功利："书中自有黄金屋。"因此，中国的一般读书人，总不在一个较高的境界。虽也孜孜不倦，但读来读去，还是脱不去一番俗气。他们没有看见一个精神的殿堂，没有看出那书原是一级一级的台阶，读书则是拾级而上，往那上方的殿堂里去的。因为如此，古人读书常常就只有一个"苦"的记忆，而很少有阅读的快意，更少有达抵人生审美境界的陶醉。

读书是对人经验的壮大。天下事多不计其数，人不可件件躬身力行。人这一辈子，实际上只能在很小的范围内经验生活，经验人生，个人的经验实在是九牛一毛、沧海一粟。由此，人认知世界，十有八九是盲人摸象，永无全象，因而实际上也就无象。由此，人匆匆一生，对生活、对人生的理解也就一片苍白，乃至空洞。由此，人对活着的享受，也就微乎其微，生命实际上是虚晃一世。因而，人发明了文字，进而用文字写书。书呈现了不同时空里的不同经验。你只需坐在家中，或案前，或榻上，或瓜棚豆架之下，便可走出你可怜的生活圈域，而走入一个无边的世界。你从别人的文字里知道了沙漠驼影、雪山马鸣、深宫秘事、上流情趣……读书渐久，经验渐丰，你会一日一日地发现，读书使你变得心灵充实。其情形犹如你从前只有几文小钱，而随着对书的阅读，你的仓库一日一日丰厚起来，到临终时，你居然觉得自己已有金银一库，而你曾因拥有它而着实豪华地享受了一生。此时，你会觉得死而无憾，满足地最后一笑，撒手人寰。

更有一点，未被多少人揭示：读书还会有助于你创造经验。这世界上的许多写书人，不仅仅是将自己所有的特别经验复述于人，还在于他们常仰望星空，利用自己的幻造能力，在企图创造知识，以引发新的经验。这些知识引导你进行新的实践。这些知识预设于脑，使你在面对从前司空见惯的事情时忽然发现了新意。甚至干脆让你发现许多事情。这些事情在未得这些预设之前，它们虽与你朝夕相处，你却并未将其发现。一条水牛从梨树下过，碰落了一些梨花。一个农人，也许对此事浑然不觉，空空走过，但废名先生却觉得"落花水牛"的图景很美，于是有了一番享受。废名是个读书人，你也是个读书人。你读了海明威的《老人与海》，倘若日后你做事不顺，但终究还是将事做成了，于是你在失败中忽然有了一种优雅的感觉。你读过尼采的文章，也读过劳伦斯的作品，尼采的生活哲学导你进入一番境界，而劳伦斯的"抒情之性"又导你进入另一番境界。知识使你的经验屡屡增加，并使你的经验获得了深度。你也活一辈子，但你这一辈子密度甚大，倘若浮到形而上的层面来论时间长短，你这样高密度的一生与一个低密度或者没有密度的一生相比，你扯下来就不是活了一生。寿有限而知无涯，而知却可以使寿获得形而上的延长，甚至是大大的延长。读书有这点好处。

读书养性。人之初，性本就浮躁。落草而长，渐入世俗，于滚滚不息、尘土飞扬的人流中，人几乎很难驻足稍作休息，更难脱洪流而出，静处一隅，凝思独想。只有书可助你一臂之力，挽你出狂浪浊流。且不说书的内容会教你如何静心，就读书这一形式本身，就能使你在喧哗与骚动之中步入静态。在这里，读书具有仪式的作用。仪式的力量有时甚至超过仪式的内容。时至今日，大工业轰轰隆隆，商业化铺天盖地，自由主义无节制张扬，现代情绪漫延滋长，人虽日益感到孤独，却又在众人吵嚷中心神不定，陷入了更大的浮躁。如此情状，人深感不安，从心底深处渴求宁静的绿荫。此时，人的出路也大概只在读书了。我在东京时，我的研究生秦立德、戴清都来信，说了他们工作之后的心态，觉得自己现在变得难以沉静下来，对未来颇感惶恐。我写信给他们说：任何时候，任何地方，只要不将书丢掉，就一切都不会丢掉。

读书人与不读书人就是不一样，这从气质上便可看出。读书人的气质是读书人的气质，这气质是由连绵不断的阅读潜移默化养就的。有些人，就造物主创造了他们这些毛坯而言，是毫无魅力的，甚至是丑的。然而，读书生涯居然使他们获得了新生。依然还是从前的身材与面孔，却有了一种比身材、面孔贵重得多的叫"气质"的东西。我认识的一些先生，当他们坐在藤椅里向你平易近人地叙事或论理，当他们站在讲台上不卑不亢不骄不躁地讲述他们的发现，当他们在餐桌上很随意地诙谐了一下，你就会觉得这些先生真是很有神采，使你对你眼前的形象过目不忘，永耸心中。有时我会恶想：如果这些先生不是读书人又将如何？我且不说他们的内心因精神缺失会陷入平庸与俗气，就说其表，大概也是很难让人恭维的。此时，我就会惊叹读书的后天大力，它居然能将一个外表平平甚至偏下的人变得如此富有魅力，使你觉得他们的奕奕风范，好不让人仰慕。此时，你就会真正领略"书卷气"的迷人之处。

我们还可以将读书当宗教来看待。读书也是一种宗教。尼采言：上帝已经死亡。于是，世界觉得此事十分严重。其实，也就是那么回事。这个虚设的上帝去了就去了吧，也没有什么大不了的，我们不是还有书在吗？书也可以成为我们的依托。我们何不将书也看成是上帝？而且这是可以与我们平等对话的可亲可爱的上帝。寂寥无依的夜晚，我们可以敞开心扉，将心中的委屈、怨恨以及无法言表的一切向它毫无保留地倾诉，并可得到它的指引。每一本好书，都是黑暗中的一道亮光。这一道道亮光，将给我们这一叶一叶暗空下的扁舟引航，直至寻找到风平浪静且又万家灯火的港湾。我们应有这样的古风：沐浴双手，然后捧卷。在一番宗教感觉之中，你必将会得到书的神谕。

我们对读书做了如此一番几近诗化的赞美，却并不含这样的意思：读书便是一切，读就是一切。

从长知识、增智慧、养精神诸方面讲，不是单纯的读书就能达到完满境界的。还得有人生的经验垫底，才能将书读好。人生的经验越厚实，书就读得越好。世界上凡读书读得好的人，在人生的经验方面都不是很简单的人。经验决定着读书的成效。而读书的成效又转而影响人生经验的深度与广度。如此这般，那书读得如何，也就可想而知了。

就读书本身来讲，自然还得有所讲究。有这些讲究，才能有助于将书读好。

读书应有停顿。突然地中断阅读而思考已被阅读的那些东西。当然，一般俗众的阅读，完全没有必要这样要求。俗众的读书与读书人的读书应作两回事看。前者是一种被动的阅读，是不费神的，费神就违背俗众读书的本意了，他们的本意是消遣。而读书人的阅读，固然不能排除消遣这一层次，但绝非满足滞留在这一层次上。读书人的读书带了联想与思考的痛苦。他们的阅读快感，不是在被动接受上，而是在接受时不断扩大收获的过程中。这就像两个儿子接受遗产，大儿子仅仅看到了他所继承的那部分产业，而二儿子却把他继承的那部分产业当成了资本，而看到了投资后的扩大、再扩大的辉煌景象。读书人得有那二儿子的活泛思路与主动精神。

世间有许多读书种子。但他们的读书似乎与他们的精神无补，反而读成呆子，读成迂腐可笑之人。曹聚仁先生说他曾听说过浙江金华有个姓郭的，书读到能将《资治通鉴》背诵一番的程度，但写一个借伞的便条，却写得让人不堪卒读（那便条写了五千余字）。读书多，莫过于清朝的朴学家，然而，像章太炎那样令人钦佩的朴学大师又有几个？我认得一位教授先生，只要提起他来，人们第一句话便是：此人读书很多。然而，他的文章我才不要看。那文章只是别人言论的连缀与拼接，读来实在觉得没有意思。读书不是装书。读书用脑子，装书用箱子。脑子给了读书人，是让读书人读书时，能举一反三，能很强健地去扩大知识的。箱子便只能如数装书。有些人读一辈子书，读到终了，不过是只书箱子而已。

从前有不少人琢磨过如何读书。"好古人言行，意常退缩不敢望"，我以为是读书的大忌。更有甚者，还有读书把人读糟了读坏了的。周作人当年讲："中国的事情有许多却就坏在这班读书人手里。"抽去这句话当时的具体所指，抽象一点说，这句话倒也说得通：中国的事坏在一些读书人手里的还少吗？

我当为读书竭尽赞美之辞，但又明说：不是所有读书和所有读书人都可配得上如此赞美的。这文字的背后藏了一个企图：但愿天下读书人，都能将书读好，都能达抵那些个被我赞美的境界。

（作者：曹文轩；选文有删节）

说作文

"日札优于作文"是我国已故语文教育家黎锦熙先生提出的作文教学的观点。日札，就是修养日记和读书札记。作为日记和札记，在内容上，可无所不写；在形式上，叙述描写抒情议论随意选用；在心理上，轻松自然，因为不是"作文"。这种没有精神压力和文法顾忌的写作，一旦养成习惯，在量的不断积累下，定会有质的飞跃。许多大文学家都有写日札的习惯，不但增强了笔力，还以此为素材创作了许多文学作品。

我认为作文是一种习惯，即习惯于用笔表情达意。画家喜欢用画笔表达对事物的理解；音乐家常用音符抒发对世界的感受；而文学家则擅长用手中的笔描绘世间百态。生活中类似的感触，不同门类的艺术家会有不同的表现，只是表情达意的习惯不同。所以，要培养学生较高的作文能力，就得引导学生养成用文字表情达意的习惯。但不要过分地讲平常写的东西是为了写好作文而进行的训练。作为教师，应及时捕捉学生们在生活中遇到的引起思索和争议的事件，如杨利伟成功的太空之行，如一次集体活动，如班级新近发生的焦点事件等，利用自习课甚至临时调整教学计划占用阅读课，引导学生即时用笔表达自己的见解，以求使之尽快养成习惯。作为学生，高兴了，生气了，结交新朋友了，读到一本好书了，跟同学闹别扭了，挨老师批评了……只要有了某种情绪，就用笔把它记下来，不要考虑先写什么后写什么，只需开门见山，想到哪儿写到哪儿，绝不要想这是在"作文"，而是在表达一种情绪，在"说"一件事，说给谁呢？想说给谁就说给谁，只要痛快就行。

这就又涉及一个问题：说和写是一回事吗？二者是什么关系？在练习写作的初期完全可以当作一码事；怎么说就怎么写。生活中，有些人很会讲故事，常吸引许多听众，这些人的语言里，叙述形象生动，感情色彩丰富，而且还用了一些倒叙插叙什么的，所以极富有感染力。如果把说的话变成文字，肯定是非常优秀的文章。虽然不是每一个人都会讲故事，但只要是一个正常的人就能把话说清（这是针对有些学生作文时的词不达意语句不通说的），因此，怎么说就怎么写，是最好的表达方式，是最好的开篇、布局和立意的方法。蔡成先生的《最感人的理想》中记录了这样一篇作文："阿爹还没走的时候（当地人称人死为走），他对我说，你要好好学习天天向上，长大做个科学家，阿妈却要我长大后做个公安，说这样啥都不怕。我不想当科学家，也不想当公安。我的理想是当一只狗，天天夜里守在家门口。因为阿妈胆小，怕鬼，我也怕。但阿妈说，狗不怕鬼，所以我要做一只狗，这样阿妈和我都不怕了……"虽然没有华丽的辞藻，用的都是大白话大实话，没有精巧的结构，什么烘托、照应一概没有，而且还把自己的理想定位于一条狗，但小作者以孩子的语气准确地表达了对母亲真挚的爱，是纯美人性的一次告白，意之所到，笔之所至，没有什么作文技巧，但确属一篇好文章。当然，刚开始用文字表情达意时，不能很准确地把所想所说都准确地表达出来，所谓的词不达意，但这只是对文字的陌生，坚持下去，待对文字熟悉了，驾轻就熟了（这需要一个量的积累过程），写篇作文实在是一件小事。

在坚持用笔记录生活的同时，学业也在发展，自然离不开读书（广阔的课外阅读是写好作文的重要基础），读书就要有感受，有感受就要写一写（这时已经养成了习惯），这就是读书札记。写日记和记札记，在不知不觉中形成了习惯和需要，语言的表达能力、课外阅读的视野都在增长着、开阔着，吸收和表达这两个问题，在不断的学习中，在老师没有大讲文章的技法中，扎扎实实地解决着。语文教育改革家魏书生，几乎不让学生写作文，只是坚持不懈地写日记和读书笔记，学生们的作文水平却特别的高，这是通过日札提高作文水平的一个重要例证。

教学生用笔来表情达意，告诉他们怎么说就怎么写，一旦习惯养成，捎带讲点儿作文技法，练就较好的作文水平是一件水到渠成的事。坚持写日札，要比追求写几篇所谓的好作文要有效得多。

文史广角

普希金对于俄罗斯文学的意义

普希金逝世的时候，当时的俄国新闻界写道："俄国诗歌的太阳陨落了。"长期以来，关于普希金是"俄国诗歌的太阳""俄国文学之父"的说法，似乎一直是毋庸置疑的。那么，究竟是什么奠定了普希金在俄国文学史上如此之高的地位呢？换句话说，普希金对于俄国文学的意义究竟是什么呢？

普希金

首先，普希金奠定了俄国的民族文学，使得俄国文学得以屹立在欧洲的文学之林。在普希金之前，俄国已有源远流长的古代文学，已有中世纪的英雄史诗《伊戈尔远征记》，在 18 世纪末，俄国文学与西欧文学在古典主义的潮流中开始了融合。尽管如此，到普希金开始创作时，俄国文学仍被视为欧洲文学中"落后的文学"，因为它还在自觉或不自觉中模范西欧的范式和风尚，它还没有推出自己的杰作。普希金自幼就深受法国文化和文学的熏陶，后来，法国的启蒙主义思想、德国的唯心主义哲学和英国的浪漫主义诗歌等，又相继对普希金产生过强烈的影响，但是，普希金却通过其创作体现出一种可贵的对文学的民族意识和民族风格的自觉追求。在创作上，他有意识贴近俄国生活和俄国人；在批评中，他对俄国文化的价值，俄国民族精神的特性以及俄语较之欧洲各语言所具有的"优越性"等等，都做过大量的论述。普希金以自己纯熟的文学技巧反映出的俄国生活，塑造出的俄国人形象，他在借鉴西欧文学的同时对俄国民族文学积极的、无保留的抬举，他在文学理论和批评方面的建树等等，都极大地扩大了俄国文学的影响，使俄国文学终于可以和西欧各文学比肩而立了。

其次，普希金为俄国文学的传统开了先河。普希金的创作表现出了惊人的多样性，他是一位杰出的诗人，也是一个杰出的小说家、剧作家、批评家、童话作家、历史学家等等，他几乎涉猎所有文学体裁，并在各个文学体裁中都留下了经典之作。更为重要的是，后来构成19世纪俄国文学传统之内涵的许多因素，也都发端于普希金的作品，如反对专制制度和农奴制度的自由精神，对人的个性和人的尊严的捍卫，同情"小人物"，为社会不平而鸣的人道主义，对上流社会做作的举止和空虚的精神所持的批判的态度，对教会之虚伪的揭露，等等。这一严肃的充满道德感的文学传统，为19世纪乃至20世纪的众多俄国作家所继承，构成了俄国文学内容和风格上的基本特征。因此，我们可以将20世纪前的整个俄国的文学史划分为两个阶段——前普希金时期和普希金时期。

最后，普希金规范了现代俄罗斯语言。俄语的起源是比较复杂的，它所用的"基里尔字母"是由希腊传教士发明的，因而与希腊语有某种亲缘关系，后来，德语和荷兰语等中北欧的语言基因大量进入俄语，直到彼得大帝改革后的18世纪，法语的词汇和表达方式又对俄语产生了极大地冲击，与此同时，自斯拉夫原始部族时保留下来的古字、熟语等，也留存在书面和口头俄语中间。这样一种庞杂的语言体系，虽然给俄语的发展提供了前提，却也给治理国家、人际交往和文学创作带来了诸多不便，它在呼吁某种整治。终于，出现了罗蒙诺索夫，他对俄罗斯语言进行了一番梳理，对俄语的语法和俄语的诗歌格律进行了严谨的研究，但是在文学语言的规范上，在获得语言样板的树立上，罗蒙诺索夫没能做出更大的贡献，他用自己来写诗作文的语言，也显得思想大于文字，严格有余而活力不足。规范俄罗斯文学语言的历史使命落到了普希金身上。普希金主要的不是从俄语语言文学的角度，而是通过活的文学创作来完成这一使命的。在他的诗歌和小说中，教会斯拉夫语和外交词，都是上流社会的交际用语，雅字和俗词都有出现，并被赋予了表达情感、描绘生活的同样使命。这是一场空前的"语言民主化"的运动，普希金的创作像一个巨大的语言熔炉，俄罗斯语言中各种复杂的成分经过他的冶炼，终于成为一种崭新的、极富变现力的文学语言。果戈理称，在普希金的作品中，有我们语言所有的丰富、力量和灵巧；高尔基则认为，普希金在语言上最大的成绩，就是将文学语言和民间口语结合了起来。普希金是俄罗斯语言的集大成者，他最终完成了现代俄罗斯文学语言的规范工作。懂俄语的人可以发现，如今的俄语与普希金作品中的语言几乎没有什么出入，这反过来也说明了普希金语言之强大的生命力，说明了他对俄罗斯语言所产生的巨大而又深远的影响。

基于以上几点，普希金当之无愧的赢得了"俄罗斯语言之父"的称谓，完成了这几大历史功绩的民族诗人，似乎将永远是不会被超越的，普希金是永恒的。

（作者：郑钧吉）

龚自珍的"名士气"

清代诗人龚自珍是个典型的"官二代"：祖父做过京官，父亲当过江苏按察使（相当于今天管司法的副省长）。那个时代的女子一般是没有资格入学的，龚自珍的母亲段驯却有文化，还写得一手好诗。他的外祖父段玉裁是训诂学家、经学家，写有《说文解字注》《毛诗故训传定本》等名著。一个人成长所需要的一切龚自珍都得到了。龚自珍也非常有才气，20岁时出了一本《怀仁馆词》，其外祖父欣然为之作序曰："自珍以弱冠能之（指经史论文和诗词），则其才之绝异，与其性情之沈逸，居可知矣！"

不过，家世好，才华出众，并不等于后来的发展就好。事实上，龚自珍一生极不得志，他27岁始中举人，考了6次才做上进士，那时他已38岁。他当了20年京官，最高职务不过是个处级干部（礼部主事，正六品）。一个处级干部下放到县里也许是个土霸王，在京城里连个小萝卜头都算不上。48岁时，龚自珍实在对自己的公务员生涯没有了信心，辞职南归，两年后病逝于江苏丹阳云阳书院。

龚自珍的不得志，当然与他的"刺儿"性格有关。这哥们无论作诗，还是作散文写政论，都爱将其弄成嬉笑怒骂的"杂文"。《己亥杂诗·九州生气恃风雷》，批判皇权制度不能培养和重用真正的人才；散文《病梅馆记》，借病梅而谴责当时的社会对人性的摧残；政论文《古史钩沉论一》，更是强烈抨击专制体制。

龚自珍雕塑

皇权时代的官员必须循规蹈矩，而龚自珍恰恰是那种名士气非常重的人，这是上司最不喜欢龚自珍的一个地方。名士气，指的是文人放浪形骸、不拘礼节、随意随性的做派，一般出现在大变乱时代，以魏晋文人最为典型。清代士大夫有名士气的不多，龚自珍是一个例子。龚自珍很不注意个人形象，经常旧衣破鞋，十来年都穿着同样的衣服。他不爱洗刷，经常蓬头垢面跟人谈诗书。

某次，他去一朋友家做客，朋友很热情，派了两个仆人侍候他。第二天早晨，他将主人叫了出来，说："你的仆人不尊重我，我不爱洗漱，可是他们偏偏几次给我倒水。一个贤良的主人怎么能用这样的仆人呢？"朋友哭笑不得。

在待人接物上，龚自珍不拘常理。做京官时，有一天他乘驴车独游丰台，坐在一个开满芍药花的地上，邀请一位穿短衣的陌生人喝酒，两人一边大吃大喝一边引吭高歌，将芍药花片都弄掉了。此时，恰好户部郎中汤鹏路过，龚自珍也请他同饮。汤鹏问同饮的是何人，龚自珍不答。有关记载说："郎中疑为仙，又疑为侠，终不知其人也。"龚自珍居杭州，经常叫家人准备丰盛的酒席，却不召一客，一个人对着空空的客座呼名劝酒。

龚自珍"为学，靡书不览，喜与人辩驳，虽小屈，必旁征博引以申己说"。他恃才傲物，一根肠子通到底，嘴巴经常得罪人。他的好友魏源曾劝他："吾与足下相爱，不啻骨肉，长恨足下有不择言之病。夫促膝之谈与广廷异，良友之诣与酬酢异。若不择而施，则于明哲保身恐有悖。"然而，终其一生，龚自珍也没有改掉这个毛病。

官场是由人组成的，位高权重者的品格决定了官场的品格。民主社会与专制社会的区别在于：在民主社会里，一个人特立独行，只要不违反道德和法律，领导管不着你什么，你该发财还可以发财，该做官还是可以做官；而在专制社会，社会的一切资源都掌握在上司手上，上司想给你很容易，想不给你同样容易。卑微的才子往往喜欢以名士风度维护自己的尊严，而身处高位、掌握各种社会资源的人则习惯于接受别人的仰望，这正是龚自珍式的才子不得善待的根源。龚自珍的上司们能让玩世不恭的他当个处级干部，而没有以"整顿思想作风"为由将他开除，估计是看了他老爹和外公的面子。

（作者：游宇明）

趣味语文

三人同钓寒江雪

唐代的柳宗元位居"唐宋八大家"第二，堪称伟大的文学家；从礼部员外郎任上发配到广西柳州任刺史，把个蛮荒之地治理得井井有条，又可称为高明的政治家。柳宗元的诗写得极好，当时就没几个人能看得懂，不过，他写的一首选入当今小学课本的诗却是平白如话，朗朗上口。诗云：

千山鸟飞绝，
万径人踪灭。
孤舟蓑笠翁，
独钓寒江雪。

这首名为《江雪》的诗，写出了柳宗元从"庙堂之高"瞬间转入"江湖之远"后的真实心态。该诗问世之后，山水画家们爱如至宝。从唐朝到现在，不知道有多少画坛高手根据这首诗的意境挥毫作画。比较标准的画法是这样的：先画白茫茫的雪野一望无际，再画弯弯的江水波澜不惊，然后添一叶小舟似有若无，最后描一个三角形的黑影外加一条细长的线——意为一位渔翁枯坐船头耐心地等待鱼儿上钩。完事之后，画家们还要在空白处留题："寒江钓雪图"。就这么着一直画到清初，无数静候的渔翁被文人雅士们挂到了墙上，"寒江钓雪"俨然成了区分"雅"与"不雅"的标准意境。

清初的王士祯诗也写得好，是当时公认的诗坛盟主；官也做得大，最后升任刑部尚书。跟仕途倒霉的柳宗元一样，志得意满的王士祯也喜欢一个人在寂静的江面上垂钓。他写过一首名为"题秋江独钓图"的诗，休闲的味道也无比纯正。诗云：

一蓑一笠一扁舟，
一丈丝纶一寸钩。
一曲高歌一樽酒，
一人独钓一江秋。

用今天的眼光来看，王士祯也算得上标准的成功人士。整日里被公务和应酬包围着，多么想一个人偷偷溜出办公大楼，到一个警卫员找不到、崇拜者遇不着的地方静静地待上两个时辰——他甚至等不及下雪，刚刚进入秋季，就要去那个著名的寒江搞一些垂钓活动。

失意的柳宗元和得意的王士祯都憋足了劲要当一名兼职渔翁，去享受"寒江独钓"的那份寂寞或清幽。但是，那个被纷飞的雪花覆盖了身躯的真渔翁在想什么，他们俩好像谁也没工夫去理会。

比王士祯稍晚的赵翼倒有一副善待众生、好鸣不平的菩萨心肠。他也画了一幅《寒江钓雪图》，并题明代孙承宗诗于其上：

> 呵冻提篙手未苏，
> 满船凉月雪模糊。
> 画家不解渔家苦，
> 好作寒江钓雪图。

赵翼是一位大才子，柳宗元、王士祯都是进士，赵翼还差点成了状元，只是由于乾隆皇帝搞地区平衡（从清代立国到乾隆二十六年，陕西从没出过状元），才把第三名的陕西人王杰"拔"为状元，而把第一名的江南才子赵翼"移"为探花。赵翼有经天纬地之才，乾隆四十九年（1784）林爽文在台湾起义时，正是他当机立断，力劝平叛大军主帅李侍尧封存圣旨，严令驻岛总兵柴大纪死守待援，最后配合援台清军才终于把林爽文起义镇压下去。如此将相之才，一生却只当过两任地方小官，还屡遭降级处分。不得已，他只好回乡"以著述自娱"，作《廿二史札记》，被后世史家奉为有清一代最重要的史学著作。看惯了千年风云变幻，赵翼对那些貌似神圣的东西越来越不当回事，话也越说越土：

> 李杜诗篇万口传，
> 至今已觉不新鲜。
> 江山代有才人出，
> 各领风骚数百年。

至于那些挂在墙上、供失意的柳宗元们和得意的王士祯们沉思默想的《寒江钓雪图》，赵翼更觉得不值一提：真想做一回渔翁吗？不怕手被冻僵？

上下五千年，文人士子多如过江之鲫，为了显摆自己的身份，总是心系庙堂，趋于风雅，因而像失意的柳宗元们和得意的王士祯们总是多数，也不应为怪。只是如果多几个眼光向下、心系黎民的，这诗文、这历史不也少点矫情、多点色彩？

（作者：孙献韬）

修改文章真用刀吗?

"删"字的左边是"册",右边是一把"刀"。"册"本是中国古代把竹简或木牍用丝绳或牛皮绳编起来的书籍。"书"与"刀"是怎么联系在一起的呢?修改文章真的要用刀吗?这的确是一个有趣的问题。

在我们今天看来,用刀在书上刮必将把书弄坏,似乎不可思议。我们现在做文章、修改文章均用笔,而古人要把竹简上的错字改正,把多余的字去掉,不是一件轻而易举的事。用水擦是擦不掉的,因为黑色的墨汁浸入竹片或木片内后难擦掉,竹简又那么狭窄,容不得任意涂改,唯一的办法就是用刀子把那些写错的字或多余的字刮去,然后重写。将多余的字或错字刮去,就叫删,即为"删削"。这也是"删"的本义。如《汉书·律历志》:"故删其伪辞,取正义,著于篇。"其意思是:在刮去那些错误部分的同时,还要保留那些正确的部分。由此"删"引申为"取舍"。

南唐徐锴《说文系传》说:"古以简牍,故曰孔子删《诗》《书》,言有所取舍也。"其意思是,古人使用的是简牍,因此人们常说的孔子删《诗》《书》叫"删",所谓"删"就是孔子用刀子刮去《诗》《书》中的在孔子看来不必要的东西,保留其中的精华部分。正如段玉裁在《说文解字注》中所说:"凡言删剟者,有所去即有所取。""删"字在甲骨文中就出现了。这一事实足以证明在竹简上删削修改文辞之事在殷商时代就已出现了。商代甲骨文是用刀刻在龟甲兽骨上的一种文字,要改掉其中的错误,只能用刀将其刮掉后再刻。据学者们考证,有的甲骨文字是用笔写在龟甲兽骨上的。但即使是写的文字,要修改,仍要用刀。这就是刀笔并用了。古人制作简册、书史记事、传递命令除了用笔外,手头还得备有刀才行,也就是必须刀笔俱备,缺一不可。不仅要精通写字作文的"笔法",而且还要熟悉删削简牍的"刀法"。由于古人写作时常常刀笔并用,因此,"刀笔"便成了书写工具的泛称,也指那些以"刀笔"为业的官员,即"刀笔之吏"。

(作者:吴东平)

六　跨越时空

人们生活在特定的时空中,时空给人以生活的安宁与凭借,但也给人以牵绊和围堵。跨越时空需要胆识,需要勇气,也需要智慧。即便现实生活中不能跨越时空,但我们有心灵的翅膀、有丰富的想象。放飞自我,成就自我,永远前行,在路上。

主题阅读

红旗插上珠穆朗玛峰（节选）

第三次行军

第三次适应性行军从4月25日开始了。

珠穆朗玛山中的气候瞬息万变。北坳上空刚刚还是阳光灿烂、万里无云,霎时却刮起暴风,变得天昏地暗,气温骤然下降到零下37℃左右。

登山队员们顶着寒风行进在一道倾斜的雪坡上。

雪,深厚而松软。一脚下去,踩进一尺多深。走几步,就累得人满身酸疼。登山队员们几乎每走一两步,就不得不停下来休息；几乎每隔几分钟,就不得不全身匍匐到雪地上以避寒风。但是,登山队员中没有一个人掉队,他们咬紧牙关,一个跟着一个向前走去。

傍晚,高空风更加狂暴,气温还在继续下降。登山队员们头上戴着特制的防寒毛绒帽,身上穿着高质量的尼龙衣裤和鸭绒衣裤,脚下是坚厚保暖的高山靴,但是,他们一个个仍然被冻得全身战栗。呼出来的气立刻在嘴边凝成了一圈白霜,鼻孔很快就被冰冻封盖住,连吸气都发生困难。

登上新高度

大队现在跨上了乱石垒垒的岩石坡,继续前进。

随着海拔高度的上升,空气中氧气更加稀薄。人们在这里变得虚弱了,活动变得困难了,每移动一步,心脏就剧烈地蹦跳起来,呼吸时上气不接下气。在大队通过海拔7400米附近一段直线距离不到二十米的岩坡时,人们竟不得不休息了四次才攀登上去。

一道宽阔而陡滑的雪槽拦阻着去路,雪已经变成了坚硬的厚冰,光溜溜的。穿着镶有钢钉的高山靴,仍然一走一滑，不时地跌倒。运动健将刘连满背上背着 30 多公斤重的背包，但他仍然自告奋勇地走到队伍的最前面。他使用着登山技术中的"三拍法"，向前走着为大队开路。他先撑着冰镐，使自己在冰面上站稳了脚步，不时地用冰镐一下一下地在冰上刨出台阶。在这样的高度，每一个动作都要耗费全身的力量。但是刘连满却一直坚持着在前面为大队开路。由于高山缺氧和体力的严重消耗，刘连满的眼睛里不时地迸散着"金星"，胸口疼痛而胀塞，好几次他都几乎要倒下来，但他一想到整个大队正沿着他开出的路前进时，他感到自己责任的重大，就又加快了自己的步伐。大队来到一座山岩下准备休息时，刘连满才松了一口气。

经过两天艰苦的行军，大队终于安全地到达了海拔 7600 米的地方——我国登山史上的新高度。

征服"死亡地带"

在过去世界航空生理学上，曾把海拔 8000 米以上高度地区称作"死亡地带"。因为随着海拔高度的逐步上升，空气中的氧气也愈加缺乏。据科学家们的测算，海拔高度为零的海平面上，空气中氧气分压是 150 个毫米水银柱，而到海拔 8000 米的高度时，氧气分压就下降到 46 个毫米水银柱。这种严重缺氧的状况，给人类身体机能带来各种不良的反应，严重的可致死亡。

因此，在国际登山运动史上，海拔 8000 米以上的高度，几乎被看作是人类登山活动的"极限"，如果不使用人类自制的氧气设备，即使运动员体格非常强健、技术非常熟练，要攀登到这样的高度，并停留较长的时间，也是难以想象的。

但是，英雄的中国登山队员们却在征服珠穆朗玛峰海拔 8000 米以上地带的战斗中，用坚强的意志和大无畏精神，多次尝试不用人造氧气继续行军，并且安全、胜利地完成了任务。

中国登山队征服珠穆朗玛峰"死亡地带"的战斗，是从 5 月 2 日开始的。大队在第三次行军中，冒着风雪和严寒到达海拔 7600 米的山壁以后，一部分队员又继续朝着顶峰前进。

5 月 2 日北京时间 19 点，由登山队队长史占春、副队长许竞、藏族队员拉巴才仁和藏族队员米玛组成的侦察组，开始向海拔 8100 米的高度进发。这时，天色已经昏暗，他们争取当夜赶到，先把营地建起，迎接后面队员的到来。

严重风化的石灰岩的坡岭上，堆积着极易滚动的乱石和岩片。脚踩下去，立刻陷进乱石缝里拔不出来；用力蹬踏，石块就又像冰雹一样向岩下滚泻，极易使身体失去平衡而摔倒。为了取得对高山环境更好的适应能力，登山队员们虽然背着轻便的氧气筒，但并没有使用，他们艰难地喘着气，缓慢地挪动着脚步。

天完全黑了，四周朦胧一片，只有远处山峦上的积雪发出微弱的白光。阵阵刺骨的寒风不时撞击着山岩，发出凄厉的啸声。登山队员们用冰镐试探着道路，看着天空的星斗辨别方向。沉重的脚步声在山谷的夜空中震荡，带有钢钉的高山靴踩击在石块上迸出点点火花。深夜，他们终于来到了预定的地方，支好了帐篷。

向"第二台阶"挺进

为了进一步确定突击顶峰的路线，第二天上午，队长史占春带领王凤桐、石竞、拉巴才仁和贡布等队员，开始向更高的高度前进。

一路上，登山队员们仍然很少使用人造氧气，虽然他们全身感到特别的疲倦，心脏跳动得特别猛烈，但他们坚持着，他们相信所谓的"死亡地带"并不是不可战胜的。

登山队员们踏过点点白雪的山坡，走上一条狭窄的山岭的侧脊，成功地绕过了珠穆朗玛顶峰下著名的"第一台阶"。又过了不久，登山队员们走上了一层铺盖着重重叠叠的黄色风化石的陡坡。这个陡坡像一根腰带一样围绕在珠穆朗玛顶峰的下面，人们叫它"黄色的带子"，这里也曾经是英国"探险队"大伤脑筋的地方。现在，中国登山运动员们又很顺利地通过了。

队员石竞、拉巴才仁和贡布三个人在海拔8500米的地方停下来，建立中国登山队在珠穆朗玛峰上的最后一座营地——"突击营地"，人们将在第四次行军时从这里出发，夺取珠穆朗玛峰的顶峰。

队长史占春和队员王凤桐不满意仅仅在这个高度上的侦察，他们又决定继续前进。从海拔8500米出发不远，拦在眼前的就是被英国"探险家"们认为"不可超越"的"第二台阶"。

这是一座陡峭而光滑的岩壁，相对高度约30米，平均坡度在六七十度左右，人们几乎找不到任何攀登的支撑点。二三十年前的英国"探险队"，曾经在这里想尽了一切办法，仍然没有能攀登上去。后来，他

架设了"中国梯"的"第二台阶"

们对"第二台阶"下了一个结论说:"这是一个很大的障碍,再也不必浪费时间去爬它了。"

第四次行军

登山队员们为了争取时间,以一天时间的急行军速度,就赶到了海拔6400米的第三号营地。第二天,就登上了"北坳"冰坡,到达了海拔7007米的第四号营地。

经过几天的艰苦行军,23日中午,许竞带着13名登山队员赶到了海拔8500米的地方,并在这里把第三次行军时建立在岩坡上的第八号营地,改建在极其难得的一块倾斜度约30度的雪坡上。这是中国登山队在珠穆朗玛峰北坡上的最后一座高山营地——"突击营地"。

5月23日晚上北京时间10点钟,从海拔6400米的第三号营地发出信号弹,表明"24日为好天气"。

这个好消息使登山队员们十分兴奋,增强了他们征服顶峰的信心。

5月24日清晨,阳光灿烂,珠穆朗玛峰尖锥形的顶峰耸立在蓝天之际,朵朵白云在山岭间缭绕不散。

北京时间上午9点半,突击顶峰的队员们由副队长许竞率领,从海拔8500米的"突击营地"出发了。

许竞在前几次行军中担任了侦察任务,体力消耗很大,他只前进了约10米,就感到体力不支。这时,决定由运动健将王富洲带领运动健将刘连满、屈银华和一级运动员贡布,背着高山背包,扶着冰镐,开始向珠穆朗玛峰最后380多米的高度进军。

为了尽量减轻负重,他们只携带了氧气筒和登山队委托他们带到顶峰的一面国旗、一个高约20厘米的毛主席半身石膏像,以及准备写纪念纸条用的铅笔、日记本和电影摄影机等。但即使是这样,他们前进的速度也是非常慢的。因为从5月17日上山以来,他们已经经历了一个星期的艰苦行军,体力有了巨大的消耗。

与重重难关搏斗

突击顶峰的队员们约莫走了两个钟头,才上升了70米,来到珠穆朗玛峰顶峰下著名的"第二台阶"跟前。"第二台阶"像城墙一样,屹立在通向顶峰的路上。人们在它陡滑的岩壁上,前进得异常困难,费了很大劲儿刚刚攀上几步,稍一不小心就又滑落到原来的地方。人们运用各种办法坚持再坚持,整整花了五个多小时的时间,才全部攀登上这个相对高度约30米的岩壁,到达海拔8600米的"第二台阶"的顶端。

通向顶峰的第一道难关——"第二台阶"虽然克服了,但他们离顶峰还有280多米的高度要走。而这时太阳已经偏西，阵阵寒风从山岭间刮过，发出阵阵啸鸣。

他们事先以为在天黑以前就能登上顶峰，现在看来，这种估计显然是不足的。黑夜，即将成为他们前进道路上的第二道难关。在这人类从未到达过的珠穆朗玛峰北坡最后二三百米的路途中，他们将要遇到什么困难，要走多长时间，确实很难精确估计。

随着高度的上升和行军时间的加长，他们背上氧气筒里的氧气，已越剩越少；他们的体力，也变得越来越弱。这就是说，他们即将遇到最严重的两道难关——高山严重缺氧和四肢无力的威胁。

在体力虚弱和严重缺氧的情况下，进行黑夜高山行军，是具有很大危险性的。但是，有什么困难能阻挡得住勇敢的中国登山队员们前进的步伐呢！为了祖国的荣誉，为了完成全国人民的委托，为了在雨季到来以前最后一个好天气的周期内登上顶峰，四位勇士仍然勇往直前，继续行进在崎岖的山路上。

登上顶峰的最后时刻

到达海拔8700米时，刘连满由于过度疲劳，动不动就跌倒在地上。王富洲、屈银华和刘连满连忙举行了党的小组会，决定让刘连满留下，而其余的三个人即使是天黑，也要继续前进。

当王富洲、屈银华和贡布走上征途以后，刘连满——这位27岁的共产党员，毅然把自己氧气筒里所剩不多的氧气保存起来，准备留给战友们胜利归来时使用。而他自己，就在这荒漠的山顶上，冒着生命危险，在一块大岩石旁度过了严寒之夜。

夜色浓厚，四周朦胧一片，王富洲等三人匍匐在地面上，依靠着微弱的雪光反照辨认路途，以极其缓慢的速度向顶峰接近。

距离顶峰还剩下52米的高度时，三个人的人造氧气都用完了，高山严重缺氧的威胁已经临头。但他们并没有被困难所吓倒：继续前进，决不后退。

他们抛掉了空氧气筒，彼此鼓励，你我帮助，开始了人类历史上从未有过的危险而艰巨的历程。

他们已经异常疲惫，几乎寸步难行。但是，距离顶峰还剩5米时，忽然又遇到一个峭壁，27岁的藏族队员贡布首先攀登上去，他在上面休息了约半个小时，鼓起力气又帮助其他两个战友上去。这样，世界最高峰的顶峰已经近在咫尺了。

5月25日清晨，北京时间4点20分，三位登山英雄经受了重重困难的考验，完成人类历史上第一次从珠穆朗玛峰北坡登上海拔8882米顶峰的创举，将五星红旗插上了顶峰，为中国体育史上写下了光辉灿烂的一页。

（作者：郭超人）

人类首次从北坡登顶珠峰

 赏析

王富洲等队员登上了珠穆朗玛峰，靠的是信念、毅力和技术，靠的是团队的力量，靠的是祖国荣誉的鼓舞。文章运用了好多材料，叙述了好多细节，但始终围绕着这个主题、突出这个主题。文章突出描写艰难时刻的细节，突出队员们向自然极限挑战、向自己生理极限挑战的艰难，给人留下了深刻的印象。

我忘了什么

从前有一位客店老板，祖传有"百用百灵丢三落四水"，任何一个客人喝下这种水，都会忘记一些东西在他的店里。有一天来了一位富翁，店老板就在他吃的那些烤乳猪、奶汁龙虾、陈年葡萄酒里都下了药水。等客人走后，老板搜遍房间，没有找到他忘掉的物品，最后想起来了：他忘了付账。

我们的故事讲的是另一位老板钱图无量先生——现在有很多人用四五个字的名字，没什么稀奇。

钱先生在蜕皮前夕，对着他的电脑苦苦思索："我还忘了些什么？"

他又想起那个医生的话来了。那个大夫蠕动着胖脸小心翼翼地说："是的，我们想过移植大脑。不过，接续神经的技术很复杂，而且，免疫系统也是个问题。您更不愿意将来在您二十岁的躯体中有一颗六十岁的脑子吧——我们的办法是用蛋白集成块：指甲大小的东西里，存有关于您自身的一切资料，它将融合在您的新大脑里。所以，您要尽可能地把您的一切，包括习惯，都事先记录下来，以备蜕变。"

电脑所记录的他的资料，已达153 826 988字节，那里面有他多姿多彩的一生，还有公司的各级职员名单，他的银行账号，保险柜密码，他对股市涨落的独特见解，他所有的对头的姓名和弱点，他的嗜好，当然，还有他从识字以来读过的有限几本书，他对人生的深刻理解多半来自它们。

差点忘了重要的一条："我名字——钱图无量，是我自己取的。我爸爸除了那第一个字以外，没有给我任何东西。"

钱先生托着下巴想："连一点小小的习惯最好也不放过，要不我就不完整了。"他又输入："我喜欢吃的菜：烤乳猪和奶汁龙虾，烤乳猪的时候要用针在猪皮上均匀地打632个小孔。我喜欢的酒是一种无名的陈年葡萄酒，是60年前新疆一个老头儿为我爸爸酿造的。那种酒在我的地窖里还有87瓶，每瓶装一升半。"

他又记起一件重要的事，找出了一沓照片，放在电脑的摄录镜头下一一扫描。他输入："这12位小姐的生活是我保障的。她们自身体现了我对'完美女性'的全部理解。"照片上的12个小姐连同她们的姓名、住址、爱好，一一输入电脑。

钱先生舒了口气，把照片藏好，想一想自己是否还忘了什么。

"我的洗澡水总是40℃的。"

"我有三条狗：娜娜、梆梆和小白，也许以后它们会不认识我。可是我爱它们，我要继续耐心地照料它们直到它们重新接受我的新模样。"

"我的书房里有18000册的藏书，虽然我一直没有时间去读。记住，我喜欢歌德、尼采、叔本华、雨果、马克·吐温、巴尔扎克、纪伯伦、加西亚·马尔克斯、曹雪芹、林语堂、罗贯中、蒲松龄、鲁迅、茅盾的书。在我第一个书柜的下层抽屉里的小本上，记着他们所写的书的书名和内容提要。我还喜欢听歌剧和严肃音乐，在书柜里有两个450张激光唱盘。"

钱先生在他的大脑中又搜索了好一会儿，从一个黑暗的、挂满蛛网的小角落里找到一条："我也许还有个弟弟活着，也可能死了。以后任何人来冒充我兄弟，都应加以否认。"实际上，钱先生曾经有三个弟弟。一个5岁的时候，因为和钱先生（那时他也还小）争夺糖果，不慎掉下阳台摔死了；第二个活到21岁，他们的父亲去世，宣读遗嘱的前一天，这个兄弟推门进屋，被门框顶上的一个电熨斗砸死了——发疯的电熨斗！最小的弟弟主动放弃了继承权，因为害怕那个电熨斗而离家出走，至今没有音讯。所以，钱先生几乎是一个人孤独地活在世上，时常沉浸在对已故和未故亲人的深深思念中。

"我没有子女。前来冒充我孩子的人都是为了钱，他们的母亲我一个也不认识。要一口咬定！"

为了保证把脑子里的一切都一滴不剩地倒进蛋白集成块，钱先生翻遍每一个沟回，认为可以了。蜕皮之后，他将活得像以前一样，就是说：富有、坚定、快乐、老练、聪明，没有人能占他的便宜。

要知道大人物才能蜕皮，那些穷小子可没份儿。钱先生在蜕皮舱里，显得有些紧张，他觉得这是一个非同寻常的时刻。

胖脸医生说："这对于您来说是第一次，可我们已经做了一百多例这种手术——不，根本算不上手术。没有任何感觉，您不用怕，不过是睡一觉，醒来之后，您发现您已经恢复了青春。就是这样，只不过睡一觉。"

他指点钱先生看那个躺在台子上的新躯体，它闭着眼睛一动不动，倒像是睡着了。这玩意儿值3200万哪！

钱先生说："真和我长得一模一样！——和我年轻的时候一模一样。"

"当然啦。"胖大夫说，"这是用您的一个细胞核跟一个无核卵子结合之后培养的，就是您自己。他大脑里空得像一张白纸，就等着您进去啦。"

钱先生又问："真的没问题？"

大夫微微一笑。钱先生点点头。

几分钟后，钱先生躺进了密封凯夫拉匣子，不再喘气儿了。一个小小的蛋白集成记忆块，被装进大脑里，就像转录一盘磁带那么简单。

严格地说，这已经不是原来那个钱先生了，但我们还能奢求什么呢？——既然没有长生不老药。

董事们看到年轻的钱先生坐在会议桌的那一端，都面面相觑。钱先生在心里冷笑说："奇怪了吗？你们这帮笨蛋，好看的还在后头呢。"

的确，更令人吃惊的是，他明明是个20岁的年轻人，可他的言谈、姿态、习惯，以及他的老练狠毒，都与昨天坐在那儿的那个老头子一丝不差。这让人想起了鬼魂附体。

中午，马丁丧魂落魄地来到钱先生的办公室，因为刚才，钱先生打电话给他说，他借的那笔钱早应该还了，到现在累积已有2122199.1元，看在老朋友份上，那一毛钱就免了，但剩余的数目最好今天就拿来。

"如果真的没钱，"钱先生同情地说，"就得抵押您的房子和汽车了。"

马丁红着眼睛说："您忍心吗？那样我会变成一个流浪汉，您会看着从小一起长大的朋友饿死在街上吗？"

"至少今天您不会挨饿。"钱先生递过一个盒子，说，"送给您！"

那里面是一块做成小动物形的奶油蛋糕。

钱先生慢悠悠地说："现在这种样式的蛋糕已经很少见啦，它让我们想起温馨的童年。"

看着马丁消失在门外，钱先生高兴地拿起电话，从他那12位"完美女性"中选了一位,邀她去家里共进晚餐。然后,他把秘书叫起来说:"该吃午饭了,你去对面的饭馆替我要一份烤乳猪,还有奶汁龙虾。"

钱先生傍晚回家,他的三只小狗在几分钟的惊讶之后,似乎重新接受了他,开始围着他打转。那位小姐已经到了,钱先生面对着又惊又喜活蹦乱跳的小姐,微笑说:"我发誓,你比以前更年轻漂亮了。"他又扭头跟管家说:"为什么不从地窖里把咱们那种好喝的葡萄酒拿一瓶来?"

在吃过晚餐,聊过天,听过贝多芬的唱盘,和小姐跳了一会儿舞,喝过咖啡,又洗了澡之后,已经是夜里十点了。

钱先生站在浴室的镜子前,端详着自己强壮的身体,若有所失地想:"不错,我开了董事会,宣读了新计划,把马丁弄破产了,给了他一块小蛋糕,吃了皮上打眼的烤乳猪,把姑娘带回家里,喝了新疆葡萄酒和加茅台的浓咖啡,我还在40℃的热水里洗了澡,还和狗建立了感情,听了贝多芬音乐,我还得找出那个小本子,记住那些作家和他们写的书。可是,我完成这一大串任务是为了什么呢?"他照着镜子想:"还有,我叫钱图无量,我知道。可我到底是谁呢?我是谁?"

(作者:柳文扬;选文有删节)

赏析

"还有,我叫钱图无量,我知道。可我到底是谁呢?我是谁?"看到结尾这句话,你会不由自主地想起苏格拉底的向世上每一个人的发问:"我是谁?我从那里来,又到哪里去?"苏格拉底提醒人们:不要忘记根本的"自我"。文中的钱图无量先生蜕皮后什么都记住了,唯独忘了"自我"。作品是对苏格拉底发问的演绎,也是对现实生活人们的世俗化提醒。

含英咀华

《伟大的悲剧》为什么感人

"悲剧,就是把人类最有价值的东西毁灭给人看"。

1911年,挪威探险家阿蒙森和英国探险家斯科特,在南极展开了一场富于戏剧性又令人心酸的角逐——看看谁能最先到达千万年来人迹罕至,抑或太古以来从未被世人瞧见过的南极终点,结果阿蒙森们抢先到达南极并凯旋,而斯科特们以仅仅迟到了一个月而宣布失败,且在归途中全军覆没,长眠在冰雪茫茫中。

这是一场辛酸的悲剧:"历尽千辛

万苦，无尽的痛苦烦恼，风餐露宿——这一切究竟为了什么？还不是为了这些梦想，可现在这些全完了。"斯科特在他最先的日记中沮丧地写道："第一个到达者拥有一切，第二个到达者什么也不是。"在人类的伟大事业中，这些探险队员代表的是国家、民族的荣誉，他们把荣誉看得比生命更可贵，这块千辛万苦到达的南极地竟变成一块伤心地，那"挪威的国旗耀武扬威、扬扬得意地在这被人类冲破的堡垒上猎猎作响"，胜利与失败就差之毫厘、失之千里了。

但是，他们真的灰头土脸地失败了吗？什么是胜利？什么是失败？奥地利作家为什么不为胜利者阿蒙森歌功颂德，而把目光投向了失败者斯科特们？这位作家饱含深情地写道："一个人虽然在同不可战胜的厄运的搏斗中毁灭了自己，但他的心灵却因此变得无比高尚。所有这些在一切时代是最伟大的悲剧"，无疑：斯科特们的悲剧中，洋溢着人类最伟大的精神，散发着最有价值的人性光辉。

斯科特归去时还要接受另一项悲上之悲的任务：把阿蒙森们胜利到达南极终点的信件带给挪威的哈康国王，这是多么冷酷无情的职责："在世界面前为另一个人完成的业绩作证，而这一事业正是他自己所热烈追求的"，以自己的失败亲自证明对手的胜利，这是何等痛苦甚至是一种屈辱，本来斯科特们可以断然拒绝，甚至卑鄙一些，完全抹掉阿蒙森们留下的痕迹，而取代"世界第一的"的资格，但他们毅然决定为阿蒙森作证，明明心中痛苦，却还是坚持做，他超越了人的劣性，接纳了这一残酷的现实，忠诚地履行了这一任务，像个绅士，诚实、守信，坦然面对失败，这是何等开阔的胸襟。也许斯科特明白，自己付出的代价，阿蒙森们同样付出了，那猎猎作响的国旗背后，同样付出了阿蒙森和他的伙伴们数年的心血、一生的梦想。这是他们应得的荣耀，贬低他们，就是贬低自己，多么光辉的韧性。

零下40℃的极寒地带，粮食燃料一天天告罄。这支考察队伍在阴森森的寂寞中绝望地行走，他们中的奥茨已经在用冻掉了脚趾的脚板行走，他做好了最后的准备，希望尽快结束自己的生命，以减轻大家的负担，他要求伙伴们给他十片吗啡，并要求将他留在睡袋里，但是谁也没有这样做，他遭到了坚决的反对。同生死，共患难，不幸的命运中相濡以沫，共同搀扶，强烈的集体主义精神把美好的人性托举到了至高无上的高度。

但可爱的奥次终究不愿这样做，终不愿成为一个累赘，在一个暴风雪的清晨，他轻轻地对朋友们说："我要到外边去走走，可能要多待一些时候。"这个英国皇家禁卫军的骑兵上尉正像一个英雄似的向死神走去。他没有大喊大叫，没有任何抱怨，把生的希望留给别人，将死的寂寞永远留给了自己。原来，死可以淡然如斯，高贵如斯！

而负责科学研究的威尔逊博士，在离死神只有寸步之遥的时候，仍然在他的雪橇上，拖着16公斤重的珍贵岩石样品。生命不息，战斗不止，他代表着人类勇于探索自然并执着奉献的伟大精神。

最后，仅有的三个人，静静地钻进了睡袋，无声无语，静静等待，那些有关爱情、友谊、忠诚、亲情的往事海市蜃楼般出现在眼前。斯科特用他那早已冻僵的手指，一个字一个字给亲人、朋友、祖国写信，他嘱咐自己的妻子要照顾好他最宝贵的遗产——儿子，特别不要儿子懒散；他怀着诚挚的情谊给那几个同他一起罹难伙伴的妻子和母亲写信，为他们的英勇精神作证，认为这样的死是值得纪念的，也安慰着那几个伙伴的家属；他没有忘记祖国，他说"我不知道，我算不算是一个伟大的发现者，但是我们的结局证明，我们民族没有丧失那种勇敢精神和忍耐力量"，他为这个民族而自豪。他写的最后一句话，不是关于自己的死，而是关于活着的他人："请看在上帝的分上，务请照顾好我们的家人。"

有一种英雄，不是万里疆土的君王，不是功勋卓著的将军，不是万贯家产的富翁，他们没有荆轲的"风萧萧兮易水寒"的悲壮，没有公瑾"谈笑间樯橹灰飞烟灭"的潇洒，没有毛泽东"数风流人物，还看今朝"的豪迈，然而，和这些名垂青史的人一样的是，他们有一个梦想，并有为着这个梦想义无反顾走下去的坚定脚步。他们在与不可战胜的厄运搏斗中经受了严峻的考验，肉体倒下了，精神屹立为丰碑。他们叫精神之巨人，心灵之英雄。

这是一场穿越时空的伟大悲剧。

读写津梁

我的读书经验

我今年八十七岁了，从七岁上学起就读书，一直读了八十年，其间基本上没有间断，不能说对于读书没有一点经验。我所读的书，大概都是文、史、哲方面的，特别是哲。我的经验总结起来有四点：一、精其选；二、解其言；

冯友兰

三、知其意;四、明其理。

先说第一点。古今中外,积累起来的书真是多极了,真是浩如烟海,但是,书虽多,有永久价值的还是少数。可以把书分为三类,第一类是要精读的,第二类是可以泛读的,第三类是仅供翻阅的。所谓精读,是说要认真地读,扎扎实实地一个字一个字地读。所谓泛读,是说可以粗枝大叶地读,只要知道它大概说的是什么就行了。所谓翻阅,是说不要一个字一个字地读,不要一句话一句话地读,也不要一页一页地读。就像看报纸一样,随手一翻,看看大字标题,觉得有兴趣的地方就大略看看,没有兴趣的地方就随手翻过。听说在中国初有报纸的时候,有些人捧着报纸,就像念"五经""四书"一样,一字一字地高声朗诵。照这个办法,一天的报纸,念一天也念不完。大多数的书,其实就像报纸上的新闻一样,有些可能轰动一时,但是昙花一现,不久就过去了。所以,书虽多,真正值得精读的并不多。下面所说的就指值得精读的书而言。

怎样知道哪些书是值得精读的呢?对于这个问题不必发愁。自古以来,已经有一位最公正的评选家,有许多推荐者向它推荐好书。这个选家就是时间,这些推荐者就是群众。历来的群众,把他们认为有价值的书,推荐给时间。时间照着他们的推荐,对于那些没有永久价值的书都刷下去了,把那些有永久价值的书流传下来。从古以来流传下来的书,都是经过历来群众的推荐,经过时间的选择,流传了下来。我们看见古代流传下来的书,大部分都是有价值的,我们心里觉得奇怪,怎么古人写的东西都是有价值的。其实这没有什么奇怪,他们所做的东西,也有许多没有价值的,不过这些没有价值的东西,没有为历代群众所推荐,在时间的考验上,落了选,被刷下去了。现在我们所称谓"经典著作"或"古典著作"的书都是经过时间考验,流传下来的。这一类的书都是应该精读的书。当然随着时间的推移和历史的发展,这些书之中还要有些被刷下去。不过直到现在为止,它们都是榜上有名的,我们只能看现在的榜。

我们心里先有了这个数,就可随着自己的专业选定一些须要精读的书。这就是要一本一本地读,所以在一段时间内只能读一本书,一本书读完了才能读第二本。在读的时候,先要解其言。这就是说，首先要懂得它的文字；它的文字就是它的语言。语言有中外之分，也有古今之别。就中国的汉语笼统地说，有现代汉语，有古代汉语，古代汉语统称为古文。详细地说，古文之中又有时代的不同，有先秦的古文，有两汉的古文，有魏晋的古文，有唐宋的古文。中国汉族的古书，都是用这些不同的古文写的。这些古文，都是用一般汉字写的，但是仅只认识汉字还不行。我们看不懂古人用古文写的书，古人也不会看懂我们现在的《人民日报》。这叫语言文字关。攻不破这道关，就看不见这道关里边是什么情况，不知道关里边是些什么东西，只好在关外指手画脚，那是不行的。我所说的解其言，就是要攻破这一道语言文字关。当然要攻这道关的时候，要先做许多准备，用许多工具，如字典和词典等工具书之类。这是当然的事，这里就不多谈了。

中国有句老话说是"书不尽言，言不尽意"，意思是说，一部书上所写的总要比写那部书的人的话少，他所说的话总比他的意思少。一部书上所写的总要简单一些，不能像他所要说的话那样啰唆。这个缺点倒有办法可以克服。只要他不怕啰唆就可以了。好在笔墨纸张都很便宜，文章写得啰唆一点无非是多费一点笔墨纸张，那也不是了不起的事。可是言不尽意那种困难，就没有法子克服了。因为语言总离不了概念，概念对于具体事物来说，总不会完全合适，不过是一个大概轮廓而已。比如一个人说，他牙痛。牙是一个概念，痛是一个概念，牙痛又是一个概念。其实他不仅止于牙痛而已。那个痛，有一种特别的痛法，有一定的大小范围，有一定的深度。这都是很复杂的情况，不是仅仅牙痛两个字所能说清楚的，无论怎样啰唆他也说不出来的，言不尽意的困难就在于此。所以在读书的时候，即使书中的字都认得了，话全懂了，还未必能知道作书的人的意思。从前人说，读书要注意字里行间，又说读诗要得其"弦外音，味外味"。这都是说要在文字以外体会它的精神实质。这就是知其意。司马迁说过："好学深思，心知其意。"意是离不开语言文字的，但有些是语言文字所不能完全表达出来的。如果仅只局限于语言文字，死抓住语言文字不放，那就成为死读书了。死读书的人就是书呆子。语言文字是帮助了解书的意思的拐棍。既然知道了那个意思以后，最好扔了拐棍。这就是古人所说的"得意忘言"。在人与人的关系中，过河拆桥是不道德的事。但是，在读书中，就是要过河拆桥。

（作者：冯友兰；选文有删改）

我为什么写作

王小波

有人问一位登山家为什么要去登山——谁都知道登山这件事既危险又没什么实际的好处，他回答道："因为那座山峰在那里。"我喜欢这个答案，因为里面包含着幽默感——明明是自己想要登山，偏说是山在那里使他心里痒痒。

现在把登山和写作相提并论，势必要招致反对。这是因为最近十年来中国有过小说热、诗歌热、文化热，无论哪一种热都会导致大量的人投身写作，别人常把我看成此类人士中的一个，并且告诫我说，现在都是什么年月了，你还写小说？（言下之意是眼下是经商热，我该下海去经商了）但是我的情形不一样。前三种热发生时，我正在美国念书，丝毫没有受到感染。我们家的家训是不准孩子学文科，一律去学理工。因为这些缘故，立志写作在我身上是个不折不扣的反熵过程。我到现在也弄不明白自己为什么要干这件事，除了它是个反熵过程这一点。

我自己的情形是这样的：从小到大，身体不算强壮，吼起来音量也不够大，所以一直本分为人。尽管如此，我身上总有一股要写小说的危险情绪。插队的时候，我遇上一个很坏的家伙（他还是我们的领导，属于在我国这个社会里少数坏干部之列），我就编了一个故事，描写他从尾骨开始一寸寸变成了一头驴，并且把它写出来，以泄心头之愤。后来读了一些书，我见卡夫卡也写了个类似的故事，搞得我很不好意思。还有一个故事，女主人公长了蝙蝠的翅膀，并且头发是绿色的，生活在水下。这些二十岁前的作品我都烧掉了，在此一提是要说明这种危险倾向的由来。后来我一直抑制着这种倾向，念完了本科，到美国去留学。我哥哥也念完了硕士，也到美国去留学。我在那边又开始写小说，这种危险的倾向再也不能抑制了。

在美国时，我父亲去世了。回想他让我们读理科的事，觉得和美国发生的事不是一个逻辑。这让我想起了苏联元帅图哈切夫斯基对大音乐家萧斯塔科奇说的话来："我小的时候，很有音乐天才。只可惜我父亲没钱给我买把小提琴！假如有了那把小提琴，我现在就坐在你的乐池里。"这段话乍看不明其意，需要我提示一句：这次对话发生在苏联的三十年代，说了没多久，图元帅就一命呜呼。那年头专毙元帅将军，不大毙小提琴手。"文化大革命"里跳楼上吊的却是文人居多。我父亲在世时，一心一意地要给我们每人都弄把小提琴。这把小提琴就是理工农医任一门，只有文科不在其内，这和美国发生的事不一样，但是结论还是同一个——我该去干点别的，不该写小说。

在美国有很强大的力是促使人去挣钱，比方说洋房，有些只有一片小草坪，有的有几百亩草坪，有的有几千亩草坪，所以仅就住房一项，就能产生无穷无尽的挣钱的动力。再比方说汽车，有无穷的档次和价格。你要是真有钱，可以考虑把肯尼迪遇刺时坐的汽车买来坐。还有人买下了苏联的战斗机，驾着飞上天。在那个社会里，没有人受得了自己的孩子对同伴说：我爸爸穷。我要是有孩子，现在也准在那里挣钱。而写书在那里也不是个挣钱的行当，不信你到美国书店里看看，各种各样的书涨了架子，和超级市场里陈列的卫生纸一样多——假如有人出售苦心积虑一页页写出的卫生纸，肯定不是好行当。除此之外，还有好多人的书没有上架，窝在他自己的家里。我没有孩子，也不准备要。作为中国人，我是个极少见的现象。但是人有一张脸，树有一张皮，别人都有钱挣，自己却在干可疑的勾当，脸面上也过不去。

说完了美国、苏联，就该谈谈自己。到现在为止，我写了八年小说，也出了几本书，但是大家没怎么看到。除此之外，我还常收到谩骂性的退稿信，这时我总善意地想：写信的人准是在领导那里挨了骂，找我撒气。提起王小波，大家准会想到宋朝的四川拉杆子的那一位，想不到我身上。我还在反熵过程中。顺便说一句，人类的存在、文明的发展就是个反熵过程，但是这是说人类。具体说到自己，我的行为依旧无法解释。再顺便说一句，处于反熵过程中，绝不只是我一个人。在美国，我遇上过支起摊来卖托洛茨基、格瓦拉等人的书的家伙，我要和他说话，他先问我怕不怕联邦调查局——别的例子还很多。在这些人身上，你就看不到水往低处流、苹果掉下地、狼把兔子吃掉的宏大的过程，看到的现象，相当于水往山上流、苹果飞上天、兔子吃掉狼。我还可以说，光有熵增现象不成。举例言之，大家都顺着一个自然的方向往下溜，最后准会在个低洼的地方汇齐，挤在一起像粪缸里的蛆。但是这也不能解释我的行为。我的行为是不能解释的，假如你把熵增现象看成金科玉律的话。

当然，如果硬要我用一句话直截了当地回答这个问题，那就是：我相信我自己有文学才能，我应该做这件事。但是这句话正如一个嫌疑犯说自己没杀人一样不可信。所以，信不信由你吧。

（作者：王小波；选文有删节）

文史广角

中国科幻小说简史

为科普而科幻的第一次高潮

1954年，郑文光在《中国少年报》上发表了新中国第一篇科幻小说《从地球到火星》，成为中国科幻第一次高潮到来的标志。《从地球到火星》是一个短篇，讲的是三个中国少年渴望宇航探险，偷开出一艘飞船前往火星的故事。虽然篇幅不长，情节也不复杂，但却是当时第一篇人物、情节俱全的科幻小说。

值得注意的是，郑文光于1958年在《读书日报》上发表了一篇名为《谈谈科幻小说》的文章。该文几乎谈到了科幻文学的所有基本理论问题，如科幻小说的文学本质、科幻小说对古代神话的继承关系、科幻作品中的科学如何与真实的科学相区别，等等。自此以后四十多年，在这些基本理论问题上，中国科幻界竟再无大的突破，而只是一直就这些问题与不了解科幻艺术的外界舆论反复争辩。其理论探索的停滞颇为可叹。

继郑文光之后，中国内地出现了一大批科幻作者。他们有些是科幻文学的自觉探索者，有些是计划体制下被要求来写科幻的科普作者，或是少年儿童文学作者。因为当时的中国全面学习苏联体制，苏联文学中有科幻这个门类，中国也要有。只是当时没有专门划出"科幻文学"这个单独的分类，而是将它视为科普创作或少儿作品。相应地，科幻作者的艺术贡献如果要得到承认，则需参加各级科协下属的科普作协，或以儿童文学作者的身份加入中国作协。这个惯例使出版界一直将科幻文学视为某种儿童文学，或者某种科普作品，而其真正的家园——文学界又不承认它的价值。

天津的迟书昌、四川的童恩正、江苏的肖建亨是当时最有代表性的作者。

疯狂年代后的第二次高潮

1976年春，时任上海电影制片厂编剧的叶永烈发表了十年动乱后期第一篇科幻小说《石油蛋白》，标志着中国科幻在内地掀起第二次高潮。这次科幻高潮实际上就是上一次高潮的延续。不仅这次高潮中的主力作家仍是第一次高潮的那些位，甚至某些作品，如《珊瑚岛上的死光》《小灵通漫游未来》等，都是在20世纪60年代初就已经完稿的，只是等待了漫长的十多年才得与读者见面。

20世纪60年代初参与编写了新中国影响最大的一套科普丛书《十万个为什么》的叶永烈，他的科幻代表作《小灵通漫游未来》正式出版后风行一时，成为当时家长给子女必买的流行图书，并且成为新一代科幻迷的启蒙读物。

金涛也是此次浪潮中涌现出来的有代表性的作者。他推出了轰动一时的《月光岛》，并且与王逢振一同主编了当时颇有影响的科幻小说译文集《魔鬼三角与UFO》及苏联科幻小说集《在我消失的日子里》，在科幻小说的创作、编辑、评论、宣传等方面都做出了不少贡献。

被称为"中国科幻小说之父"的郑文光在这次高潮中又创下了一个新纪录：1979年出版了当时第一部长篇科幻小说《飞向人马座》。

童恩正的科幻小说《珊瑚岛上的死光》也创下了两个纪录：第一篇由文学界最高权威刊物《人民文学》发表的科幻小说，第一篇被改编成电影的科幻小说。这部作品还被改编成广播剧反复广播，大大扩展了科幻艺术的影响面。

四川理工学院的刘兴诗推出了一篇很有特色的作品《美洲来的哥伦布》。该作品与《珊瑚岛上的死光》并列为当时硬科幻与软科幻两个流派的代表作。该作品讲的是一位苏格兰青年为了证明四千年前印第安人曾凭独木舟从美洲驶到欧洲，独自一人在无任何现代化设备可以凭借的条件下，架独木舟横渡大西洋。这篇既无神秘事件又无高新科技发明的小说能成为硬科幻的典范，实有其独到之处。因为它讲的虽然不是任何一种具体的科学技术，但却是层次更高的科学方法论问题——"判决性实验"的问题。

在这次科幻大潮中，科幻作者们不断向科幻创作的深度和广度进军，终于产生了两部20万字以上的长篇科幻小说。第一部是黑龙江作家程嘉梓的《古星图之谜》，讲的是中国科学家们探索外星人留下的文明遗物的故事。另一部是北京的宋宜昌创作的《祸匣打开之后》，是那次科幻大潮中最近似于西方科幻小说标准的一部作品，彻底摆脱了以往内地科幻作品局限于局部事件或小发明的样式,将整个人类作为主角来描写。

这个时期,科幻作家们不仅继续在创作实践上摸索科幻艺术的规律,而且也进行专门的理论探索。1980年由中国科普出版社出版了黄尹主编的《论科学幻想小说》,该书集中反映了这方面的探索成果。

在这个时期,科幻界与纯文学界的关系也很融洽,相当一批纯文学刊物刊载科幻小说。像《珊瑚岛上的死光》和魏雅华的《温柔之乡的梦》等作品还获得过纯文学奖项。直到今天,双方之间的关系还没有恢复到如此水平。

乘市场之舟出航的第三次高潮

内地科幻事业的第三次高潮可以从1991年《科幻世界》杂志社主办国际科幻大会算起,也可以由1993年《科幻世界》改版为面向中学生的刊物算起。这两个事件都大大恢复了科幻文学在中国的影响力。

《科幻世界》培养了中国目前最出色的一批科幻作者。王晋康是这批作者中的代表人物。他的《亚当回归》一文获得当年的银河奖。王晋康具有扎实的科学知识功底、丰富的人生阅历和良好的文学修养这三样科幻作家的基本素质,实力均衡,创作力至今不衰。

安徽作家绿杨的代表作《鲁文基系列》是科普类科幻的标志。

北京科幻作者群是内地科幻界有特色的一个群体。这个群体的形成很大程度上要归功于吴岩的努力。吴岩是北师大教育管理系教师。早在20世纪80年代初读高中时就开始发表《飞向虚无》等科幻作品,后来一直是青年科幻作者的代表,并且是国内最早涉及科幻理论研究的人。20世纪90年代初,他在北师大开办了中国第一个大学科幻选修课程。一大批青年科幻迷通过这门选修课成长为科幻作者。他们中有目前尚在北京的星河、杨平、严蓬、凌星、江渐离等,也有当时在北京读大学,后来回到外地的潘海天、苏学军、裴晓庆、柳文杨等人。

周宇坤也是硬科幻的倡导者。代表作有《脑界》《死亡飘移》《会合第十行星》等。

韩松是文学学士和法学硕士,目前为新华社记者,拥有多年外事工作的经历。这样的经历使他的作品带有明显西方现代派文学的风格。他也成为目前中国科幻界在文学水平方面的一面旗帜。

天津科幻迷是仅次于北京的国内第二大作者群,代表人物有荆戈、冯志刚、王麟、张卓、舒东等人。他们的作品充满青春朝气,受到学生读者的喜爱。

湖北作家刘维佳是注重作品思想内涵的一位科幻作者。他的创作观点核心为：科幻小说就是哲学小说，思想价值是科幻作品的首要价值。作品有《我要活下去》《高塔下的小镇》等。

也有一批女性作家在科幻文坛上留下的自己的优秀作品，其中主要有凌晨、赵海虹、于向昀等。

受版权公约的影响，第三次科幻高潮中的翻译工作在很长一段时间内处于沉寂状态。但在20世纪90年代末到21世纪初，一些出版社纷纷推出很有分量的科幻译作，突破了以前科幻翻译截止于"黄金时代"的无形界限，使中国科幻迷得以见到晚近时期的科幻代表作。这其中，郭建中、吴定柏、孙维梓三位翻译家则是引进外国科幻艺术的主力先锋。

纪晓岚与《四库全书》

乾隆三十七年（1772）十一月，安徽学政朱筠借乾隆帝下诏求书之机，上了一道奏章，大意说：明末以来，由于战乱，书籍散失很多，因此恳请皇上延请文士，搜集古书，开馆校辑成册。

乾隆帝一看，正中下怀，他就喜欢搞大事业，立即批示准行。清朝前期官修图书十分兴盛，康熙时修过《古今图书集成》一万多卷，仅次于明朝的《永乐大典》。这一次，乾隆帝则要修一部规模更加宏大的巨著，它将超过前代所有的书集。

第二年，乾隆帝下令，在翰林院内开设一个书馆，叫作"四库馆"，专供校辑古书之用，而书名也就叫作《四库全书》。为何叫四库？这是乾隆帝从唐朝魏徵任秘书监校定秘府图书时，把校定之书藏于经、史、子、集四库而得到的启发。借用了这个名字，也是求大求全的意思。

乾隆皇帝朝服像

修书还有一个目的，就是要统一百姓的思想。乾隆帝修书的深意是针对汉族文人学士进行思想钳制，修书是强化文化统治的一种手段。从社会进步的角度看来，这是一项很坏的文化事业，清统治者对古籍进行大规模的"整理"，被篡改、删削、焚毁的古籍为数甚多，中国人的思想被清算、洗刷，使中国的传统文化受到了前所未有的摧残，尤其是中国传统文化中某些进步的人文思想至此而隳灭不彰。这种寓禁于藏的手法,遭到古今有识之士的非议。中国从17世纪开始落后于西方,与清朝皇帝病态的文化政策有因果关系。

编修如此一部大书,首要的工作是收集、征求遗籍及各种罕见的旧刻本和抄本。中国古典文献经历了两千年的累积,可谓汗牛充栋了。然而历经战乱和毁禁焚烧,亡佚散乱甚多。汉唐遗书已很稀少,但印刷术发明以来,宋元辽金以后的著作却多有流传,只是多分散藏于民间私人家中。清初以来,一些学者先后以个人之力加以搜求和整理,但限于条件,成就不大。现在由皇帝亲自发起纂修《四库全书》,就有力多了。乾隆帝唯恐天下有书搜集不到,多次严令各地督抚官员大力征集遗书,并以此作为考核政绩的标准,下令凡献书者有奖,隐匿不报者则予以治罪。这样,一下就收进了很多图书,有13700多种。同时,又从皇宫的藏书中辑录社会上已经亡佚的古代典籍,让更多的古书原本现世,等待着被编修或被焚毁。

搜集来的古今已刊和未刊的图书约有100多万册。有如此丰富的书籍,就要有众多的人来编辑、抄写。四库馆聘请的文士名流有360多名。正总裁16人,有皇子、大学士、尚书等,著名的如刘墉、彭元瑞、金简等人均在内。总阅官15人。总纂官三人:陆锡熊、孙士毅、纪晓岚。总校官4人,分校官100多人,而以保举和考试方式招收的抄书手,先后达3800多人。

纪昀(1724~1805),字晓岚,直隶献县人。他从四岁就开始刻苦读书,博古通今,能言善辩,机智幽默。乾隆十九年中进士,后擢为翰林院编修。

纪晓岚

他又多次任考官,为国选才,深得士人爱戴。

乾隆三十三年,两淮盐运使卢见曾营私贪污,朝廷欲查抄卢家。纪昀与卢见曾是姻亲,他事先寄密函通知,而函内无文字,仅封茶叶一包、盐一撮,外用糨糊封固。卢见曾于是明白其含义是"盐案查抄",急忙做了准备。和珅负责办理此事,他没有捞到油水,就报告了皇帝,乾隆帝十分生气,纪昀因此被遣戍新疆,达三年之久。

乾隆帝要修《四库全书》,向全国征求人才。大学士刘统勋对纪昀的文才一直很欣赏,趁这个机会他首先推荐纪昀,乾隆帝欣然同意。纪昀又推荐了其他学者如周永年、戴震、余集等人,入馆做纂修官。

《四库全书》是一项庞大的文化工程，每种书先由纂修官加以考订，然后根据内容写出提要，给以评述，放在卷首作为说明。纪昀和陆锡熊则根据纂修官提出的"应刊刻""应抄录""酌存目""毋庸存目"等意见，检阅原书，决定各书的录存与否。纪昀和陆锡熊的意见，还不是最后的决定，还要送皇帝审批决定。

皇帝审定，是从政治上把关，这对保存历史典籍极为不利。凡是与清朝统治不利的文字都要删改或焚毁。如此重要的大事，只由少数人乃至一个人来做决定，必然产生严重恶果。

经乾隆帝审阅后决定收录的书籍，再交武英殿的缮书处抄写，同时，总纂官再进一步对入选的各篇提要逐一进行认真细致的修订。从作者的年代、籍贯、生平事迹，到著作的内容大要、长短得失，乃至别本异文、典籍源流，都在纂修官撰稿的基础上，或增删，或分合，反复予以修改。就连各篇提要的行文，也是字斟句酌，再三润饰，而各篇提要经过纪昀的笔削考核，一手删定后，无不灿然可观。在完成考核审定提要的工作后，纪昀最后按照经、史、子、集四部分类体例，通盘筹划，把各篇提要排纂成编，列成总目，成为《四库全书提要》，共二百余卷。

乾隆帝对进呈的书籍经常抽阅查看，发现错误，立即严厉申斥，一查到底，有关官员无一能逃其咎。缮录工作十分辛苦，校勘也不轻松，难免出差，校官经常为一字之讹而受到处罚。比之今日出一本书，几乎不校、错字连篇的现象真是天壤之别。有一位叫蔡葛山的校官说："我校勘《四库全书》，因为讹字而数次被夺去薪俸。不过，有一件事却深得校书之力，那就是从书中得到一个药方，竟然治好了孙子的病。"由此可见，《四库全书》收集资料确是大而全。

古人校书认真仔细，仍不免出错。错一个字，就罚去一个月的工资，可谓重罚，编书若都能采用这种办法，何至于错别字连篇？其经验实在值得后人借鉴。

书中的"政治错误"，仍然存在。李清所撰的《诸史同异录》一书内，有对清世祖不敬之处，被乾隆帝审阅书籍时查出，大怒之下，命将总纂修、总校官们严加议处；在复校时又发现同一问题。这部书当初由纪晓岚办理，因此他受到皇帝的诘责，被勒令删改换篇，自行赔写。

当《四库全书》完成之后，初次复校时，乾隆帝又发现了大量"错误"。他再次命纪晓岚、陆锡熊二人赔写，并责令他们分别带领人员前往热河、盛京校勘文津阁、文溯阁的书籍，以赎前罪。修这部《四库全书》，乾隆帝是下了功夫的，对臣工的督促也很严格。乾隆帝也常常显示出很公平，有错必罚，有功必奖。纪晓岚勤奋工作的杰出成绩，也多次受到乾隆帝的奖赏。

修书绝不是一项轻松的工作，纪晓岚和全体四库馆成员不分寒暑，竭尽全力，认真校勘。由于此书籍卷帙浩繁，为了便于查阅，而编撰了《四库全书总目提要》200卷，乾隆帝认为这200卷提要仍然是不便阅读，又命纪晓岚、陆锡熊编辑《简明书目》一编20卷。纪晓岚的才学和勤勉治学态度受到乾隆帝的嘉奖。

即使是皇帝亲自审查、大臣们竭心尽力去做的事，也难免出错误。由此可见，任何一项工作，布置之后，如不认真检查或检查之后奖罚不明，都是办不好的。乾隆帝办事认真彻底，对《四库全书》高质量地完成起到了极重要的作用。

纪晓岚一生没有写过什么论著，只有《阅微草堂笔记》一部，平时写的一些序记碑表之类的文章都随手而弃，不留底稿。他说："自从编修《四库全书》以来，纵观古今著述，自知写不出更好的文章了。而那些自以为有所得的人，真是太不自量力了。"

乾隆四十七年（1782），第一部《四库全书》终于完成。纪晓岚等人花了整整十年时间完成此巨著，心情十分激动，最后再写一篇进表呈给皇上。纪晓岚奋笔疾书，文不加点，一气呵成。这篇《钦定〈四库全书〉告成恭进表》写得文采飞扬，辞藻华丽，条分缕析，纤悉俱备，同馆人士争相快睹，无不叹服。陆锡熊、吴椒堂二人又合撰一表，但比之纪昀所撰前表，相差甚远，终不惬意，最后还是以纪、陆二人的名义，把纪晓岚写的表进呈乾隆帝。乾隆帝读了此文也很满意，特命嘉奖。

四部书以色分部：经部用青色绢，史部用赤色绢，子部用白色绢，集部用灰黑色绢，装帧极精美，以楠木匣为函套，庋置宫中文华殿后的文渊阁中。

（作者：舒一生；选文有删节）

趣味语文

《诗经》中的情人节

西方的情人节复活了中国人的浪漫细胞，过情人节，送玫瑰花，已经成为恋人们表达情感的一种重要方式。时下炒作"七夕"是中国的情人节，其实，就牛郎织女凄婉动人的爱情故事而言，"七夕"是一个哀伤的日子，一个多情自古伤离别的日子。中国原本有自己的情人节，它不在秋天，而是在春天。情感丰富的华夏先民在《诗经》时代就曾举办过自己的情人节——"上巳节"，也有表达爱意的花朵——"芍药"：

> 溱与洧，方涣涣兮。士与女，方秉蕳兮。女曰："观乎？"士曰："既且，且往观乎？"洧之外，洵訏且乐。维士与女，伊其相谑，赠之以勺药。
>
> 溱与洧，浏其清矣。士与女，殷其盈矣。女曰："观乎？"士曰："既且，且往观乎？"洧之外，洵訏且乐。维士与女，伊其将谑，赠之以勺药。（《诗经·郑风·溱洧》）

《溱洧》这幅淳美的古代风俗画，带我们回到了《诗经》时代那个已经消失于时间丛林中的情人节——上巳节，听到了芍药花瓣中间传出来的爱的声音："维士与女，伊其将谑，赠之以勺药。"

这是农历的三月间，溱河和洧河迎来了桃花汛，春水涣涣。人们按捺不住内心的兴奋，奔向河边，爱情和喜悦之情一起在心灵里疯长。岸上青草茂密，枝头鸟鸣啾啾，阳光金子一样铺洒下来，叫人春心荡漾。屋子里坐不住，三五邀约着，去河边参加欢娱会。河边，已然热闹如市集了，男男女女，往来如织，人人手拿兰草和芍药。他（她）们开朗大方地说着笑着，将春天清爽的空气搅动得欢腾起来。"溱与洧，方涣涣兮。士与女，方秉蕳兮。"简简单单十四个字，就为我们勾勒了一幅欢乐祥和的游春图，传递给我们无数欣喜、兴奋的气息！这是法令允许的仲春之会："于是时也，奔者不禁。"（《周礼》）这种自然的结合被看作是对大地丰产的祝福，是吉祥！《溱洧》就记录了这良辰美景中的一次艳遇。在如织的游人里，她看到了他，心一动。也不做何遮饰，这个日子，谁都可以恣情任性。她直直地上前问："哎，去那边看看好么？"他有点惊喜，慌乱间竟傻傻地回："已经去过了。"她一下就喜欢上了他那傻样子，仰着一张无邪的脸，调皮地说："那就再去看看呗！"言外之意是：这次你会有收获哦。他松了口气，幸好她有缠人的可爱，才没有错过如此俏皮的美女。他们一路笑闹，回到水边。或许大家要揣摩这士与女的关系：他们可能认识，女孩子可能心里老早就喜欢他，今儿个正好找个借口接近；也可能并不认识，只是一见钟情而已。这都没关系，我们要看的是那个时代情人节的欢娱。诗的开篇是一个全视角的拍摄：哗哗流淌的河水边，是无数手拿兰花调笑的青年男女。紧接着，镜头一转，圈定在一对青年男女的身上，展现了他们交往的过程。接下去又是一个放大镜头，是无数的"士与女"互赠芍药，定情嬉戏。

上巳节是个风情摇曳的美丽节日，在神话中，制定它的是女娲。她分阴阳，定姻缘，制定了自由恋爱的上巳节。"上巳"就是三月的第一个巳日，与现在母亲节定在每年5月的第二个星期天的味道一样。这一天，人们纷纷来到江渚池沼的水边，以春水洗涤污垢，认为这样做可以除去整个冬天所积存的病害，在新的一年里清洁免疫，吉祥如意。"上巳"不仅是祛邪求吉的节日，更是自由快活的春游，青年男女到野外踏青，泼水相戏，自由择偶。这一天，除了已婚和家有丧事的，未婚男女都要参加官方组织的"鹊桥会"。

丽人行图　[北宋] 李公麟

魏晋以后，人们感到三月上旬巳日日期每年都会不同，就固定为三月三日。杜甫《丽人行》所写"三月三日天气新，长安水边多丽人"，描画的就是唐代上巳节贵族女子春游的情景。"上巳"逐渐演变成了我们的祖先亲近自然、贴近自然的节日。

（作者：刘冬颖）

古人的外号

外号，即绰号，是指人的本名之外，别人根据他的特征给他另起的名字，大都含有亲昵、憎厌或开玩笑的意味。古代一些诗人（词人）由于各自在写诗（词）时有其自己的特征，故被当时的人们起了恰如其分的绰号。这些绰号说来都十分有趣。

第一，因诗人的性格或创作风格而起。如李白诗飘逸，人称"诗仙"；杜甫诗以典雅著称，被誉为"诗圣"；李贺诗奇崛冷怪，人称"诗鬼"；白居易吟诗成癖，如同着魔，自称"诗魔"；孟郊、贾岛苦吟成性，人称"诗囚"；刘禹锡性情豪迈，意志坚强，白居易称他为"诗豪"；骆宾王喜爱以数字入诗，人称"算博士"。

第二，取诗人作品中的出彩之词为绰号。宋人许秋史有"人在子规声里瘦，落花几点春寒骤"的诗句，为诗友陆来庄、沈梦塘所叹赏，称他为

"许子规"。据清代梁绍壬的《两般秋雨庵随笔》记载，管水初在所作《春日即事》的考卷中有"两三点雨逢寒食，廿四番风到杏花"的诗句，主考官阅后大加赞赏，称管水初为"管杏花"。

第三，根据诗人作品中一句精巧的诗句命名。唐代赵嘏在描述边塞凌晨景色时，有"残星几点雁横塞，长笛一声人倚楼"的诗句，博得了杜牧的吟叹，称之为"赵倚楼"。宋代张先《一丛花令》中有："沉恨细思，不如桃杏，犹解嫁东风。"欧阳修见后非常喜爱，当张先登门造访时，欧阳修热情地称他为"桃杏嫁东风郎中"（当时张的官职为郎中）；秦观有一首《满庭芳》，首句为"山抹微云，天连衰草，画角声断谯门"，苏轼看后极为赞赏，称他为"山抹微云君"。

第四，从诗人几句精妙的诗作中归纳、概括出绰号。如宋代应子和曾写过"蜡炬短烧红""风过落花红""两岸夕阳红"三个名句，被人称为"三红秀才"；王士稹因"春水平帆绿""梦里江南绿""新妇矶头烟水绿"三个佳句，被人称为"三绿词人"；张先词中有"心中事、眼中泪、意中人"三个短语，因此有了"张三中"的绰号，而他自己却更希望叫他"张三影"，因为他有这样三句词："云破月来花弄影""娇柔懒起，帘押残花影""柳径无人，堕絮飞无影"。

第五，源于诗人创作题材的绰号。如南朝诗人谢道韫曾以柳絮咏飞雪，人称"咏絮才"；与她同时代的谢无逸写过三百多首咏蝴蝶的诗，被人称为"谢蝴蝶"；厉鹗的《东城杂记》中说，武林（即杭州）张子野有野花诗十首，盛传一时，人们叫他"张野花"，也有人叫他"野花张"。

第六，因诗人的某种经历或兴趣、爱好而得的绰号。如宋代的宋祁因在科考中赋《采侯》一词，中博学宏词科第一，时人称之为"宋采侯"；范仲淹喜欢弹琴，平时只爱弹《履霜》一曲，于是人们便送给他"范履霜"的绰号；宋代词人林逋终身未娶，他酷爱梅花，并以养鹤自娱，因此有"梅妻鹤子"的美称。

（作者：李笠原）

七　经典之光

我们为什么要读经典？其实说起来也很简单，因为经典是人类文化的精华。所谓"经典"，就是一个民族、一个时代最有意义最有价值的著作。什么叫"经"？经就是恒常，就是经常。什么叫"典"？典就是模范，叫典范。换句话说，经典就是"恒久的模范"。

读经典，必须要下功夫刻苦钻研经典文本。经典著作是思想的浓缩、精华的集萃、理论的源头，不刻苦钻研，不深入思考，就不可能掌握和领会其中真正的思想要义。

而阅读经典著作可以对人产生一种潜移默化的作用，让人学到很多为人处世的道理，对一个人的健康成长和道德品质提高都有帮助。

走近经典，感悟经典，让经典之光将我们的世界照亮！

经典导读

《道德经》

老子（约前571—前470），姓李名耳，字伯阳，我国古代伟大的哲学家、思想家。老子又名老聃，相传他一生下来就是白眉毛白胡子，所以被称为"老子"。老子生活在春秋时期，曾在东周国都洛邑（今河南洛阳）任守藏吏（相当于国家图书馆馆长）。他博学多才，孔子周游列国时曾到洛阳向老子问礼。

老子著经图　郭德福

阅读《道德经》首先要理解"无为"。"无为"就是清心寡欲，就是一种不争的心境。在得道者的心中，真正的失败，是逆天而行，是背道而驰。拥有"无为"的心态，无时无刻不遵守道的要求，这才是最大的成功。明晰了"无为"的含义，我们才可能看清楚老子思想对于现实社会的积极意义。

首先，老子强调了生命的重要价值。老子讲养生，自己也得长寿，庄子亦是如此。反观法家那些实干家、权术家们，如韩非、李斯，几乎都是死于非命。就从这一点上来说，老子的思想就有十分伟大的积极意义。

第二，老子教会人们正确对待生活。生活无非就是成败得失，悲欢离合。在老子看来，一切都是道之所然。我既得道，心也自然，所谓成败，所谓悲欢，皆随他去，我自然，断不会有疯癫、轻生等过激之举。

第三，老子教会人们善待他人。"善行，无辙迹；善言，无瑕谪；善数，不用筹策；善闭，无关楗而不可开；善结，无绳约而不可解。是以圣人常善救人，故无弃人；常善救物，故无弃物。"（第二十七章）不仅要求人们善待他人，而且要求无声无息，不被人察觉，这样人人皆自然，社会也会和谐。

随着现代社会的发展，个人的发展问题越来越多，人与人之间的关系日益微妙，导致这些矛盾产生的根本原因在于过于强调功利，强调竞争，而"无为"思想正是一剂良药。

阅读《道德经》，应学会挑选对自己做人，做事，做学问以及交友等有益的语句多加欣赏，并铭记于心。当你一门心思钻研学问时，可将"为学日益，为道日损。损之又损，以至于无为。无为而无不为"的道理铭记于心；而当你思考如何结交朋友时，应时常明白"有德司契，无德司彻。天道无亲，常与善人"道理，这样才能交到更多的朋友，而不是树立许多敌人。在明辨是非的问题上，要谨记"善者不辩，辩者不善"，守好做人的底线，厚道做人，常怀一颗待人的善心，才能赢得更多人的尊重。

《道德经》里的智慧，或许你一开始无法完全领悟，但只要用心多读，多思考，多体会，就一定能有很多的收获，尤其是当我们面对许多的困惑时，会让我们有醍醐灌顶，茅塞顿开的感觉。

（一）
《道德经》章句选读

1. 上善若水，水善利万物而不争。

【解读】最善良的品性如同水一样，水是天地间善的极致，给万物提供滋养，而自己却安居其下而不与之争。

水是生命的源泉。这里用水比喻上善者的人格。俄国作家列夫·托尔斯泰在日记中写道："做人应该像老子所说的如水一般。没有障碍，他向前流去；

遇到堤坝，停下来；堤坝出了缺口，再向前流去。容器是方的，它成为方形；容器是圆的，它成为圆形。因此它比一切都重要，比一切都强。"

2. 祸兮，福之所倚；福兮，祸之所伏。

【解读】祸啊，福就依傍着它；福啊，灾祸就隐含其中。

这是老子具有辩证思想的名言。要正确对待祸福，从不利中看到有利，有利中发现不利。毛泽东在《关于正确处理人民内部矛盾的问题》中引用了这句话，说明了"好的东西可以引出坏的结果，坏的东西可以引出好的结果"。

3. 天长地久。天地所以能长且久者，以其不自生，故能长生。

【解读】天地长久，天地之所以能长久，是因其不是为自己而生存，所以能够长久生存。

天地不自生，故能长生，老子以天地体现大道之品格而昭示人类社会。

4. 天下难事，必作于易；天下大事，必作于细。

【解读】天下的难事，必定发生于容易；天下的大事，必定起于细微。

对天下大事难事，大处着眼，小处入手，没有办不成的。往往有为的人，做事从不大而化之，却成就了大事。小事不做，大事不成！

5. 五色令人目盲，五音令人耳聋，五味令人口爽，驰骋畋猎令人心发狂，难得之货令人行妨。

【解读】五颜六色使人眼花缭乱，五音繁乱使人听觉不敏，五味悦口使人口味败坏，驰马打猎使人心发狂，珍贵的财物使人偷和抢。

"五色""五音""五味"本身是人类文化的组成部分，老子并非主张禁欲，而是反对纵欲。

6. 持而盈之，不如其已；揣而锐之，不可长保。金玉满堂，莫之能守；富贵而骄，自遗其咎。

【解读】把持拥有得多，不如适可而止。锤击磨得锋利无比，不可能保持长久。满堂都是金玉，却无法永久守藏。身处富贵而又骄纵无度，只能自取灾殃。

老子以盈满、锐利为譬喻，说明金玉满堂、富贵而骄者容易招来灾祸，主张"功遂，身退，天之道"。

7. 我有三宝，持而保之：一曰慈，二曰俭，三曰不敢为天下先。

【解读】我有三件宝物永不放弃：一是慈爱，二是俭约，三是不逞强好胜。

老子提出"三宝"作为自己的理论基础。慈爱是"三宝"的出发点和归宿；生活上节俭及为政简约，是"三宝"的关键；"不敢为天下先"，才能处处争先，这是老子"三宝"的核心。

8. 天地不仁，以万物为刍狗；圣人不仁，以百姓为刍狗。

【解读】天地无所偏私，任凭万物自生自灭；圣人无所偏爱，任凭百姓自作自息。

刍狗是古代祭祀时用草扎的狗，人们尽管把他装饰得很漂亮，但用后就扔掉，不是爱他，也不是恨他，人们对待刍狗是一种顺其自然的态度。圣人无偏爱，还百姓以自然。

9. 见素抱朴，少私寡欲。

【解读】保持本质淳朴无华，减少私心贪欲（就能为道无忧）。

老子提出素朴、寡欲的主张。丝不染为素，木未雕为朴，见素抱朴谓：不为外物所惑而失其本真。老子主张人不能没有欲望，但不可有贪欲，更不能纵欲。

10. 信不足焉，有不信焉。

【解读】诚信不足，就会失去信任。

人无信不立，一个人不讲信用，就不能在社会上立足。

11. 道常无为而无不为。

【解读】大道永远顺应自然而不妄为，但没有一件事不是它所为。

这是老子哲学思想的重要命题。无为并非什么都不做，无不为是对无为的作用的最高评价。

12. 企者不立，跨者不行。自见者，不明；自是者，不彰；自伐者，无功；自矜者，不长。

【解读】踮起脚跟不能久立，跨步过大无法远行。自我表现的人反而不聪明，自以为是的人不彰显，自我炫耀的人不能见功，自高自大的人不会有长进。

这句话体现了老子的无为而治思想。只有不违背自然，才能达到目的。

13. 人法地，地法天，天法道，道法自然。

【解读】人取法地，地取法天，天取法道，道取法自然本身。

此句为老子理论的纲领，阐述了老子"道"的理论中与天、地、人之间的基本关系。"道法自然"，指出人类社会与自然界都必须效法"道"，而"道"只是效法自己而已。

14. 将欲翕之，必固张之；将欲弱之，必固强之；将欲废之，必固举之；将欲取之，必固与之。

【解读】要让其收敛，必先让其张大；要使其削弱，就先加强他；要废除它，就先让它兴盛；要想夺取它，就先给予它。

老子通过四对矛盾运动的分析，阐述了他的辩证法思想。他把这一原则归结为"柔弱胜刚强"，并认为作战和治国不能离开这一原则。

15. 知人者智，自知者明。胜人者有力，自胜者强。知足者富。强行者有志。

【解读】能了解别人的称为智慧，能认识自己的才叫聪明。能战胜别人只能说明有力气，能战胜自己才叫刚强。知道满足者（总感到）自己富有，身体力行者（才说明）他有远大的志向。

这是老子的精神修养论。了解自己，反省自己，战胜自己，实为做人之至要。

16. 大方无隅，大器晚成。大音希声，大象无形。

【解读】最方正的东西却看不到它的棱角，最贵重的器具做成得最慢，最大的声音听不到声音，最大的形象没有形体。

此句老子意在解释为什么"道"虽存在但常人难以理解。因为大道具有无限性，而常人的感官难以体察。

（二）
《道德经》的现代影响

企业界 当代管理巨著《第五项修炼》风靡全球，他的作者"学习型组织"的创始人彼得·圣吉最推崇老子的管理思想。日本"经营之神"松下幸之助最推崇老子的管理哲学。在松下公司花园里有一尊老子的铜像，石座上刻着中文：道可道，非常道。海尔总裁张瑞敏尊崇老子的管理思想，海尔文化引用了《道德经》中的四个字：有生于无。

政　界 孙中山晚年曾说："中国古代老子的政治哲学实在比西方好。"胡锦涛在2005年访法国的演讲中曾提到："五百年前，法国文学巨匠拉伯雷在其传世之作《巨人传》中就曾喻示'智慧的神瓶'在中国。"这"智慧的神瓶"指的就是中国的道家文化。德国前总理施罗德在任时，曾在电视讲话中呼吁，每个德国家庭买一本《道德经》，可帮助人们解决思想上的困惑。美国前总统里根把《道德经》奉为宝典，在第二次总统就职演说中引用了老子的名言"治大国若烹小鲜"，来阐释他的治国理念，到中国访问时还亲自去函谷关拍照留念。

哲学界 德国哲学家莱布尼兹最初正是根据伏羲黄老的阴阳学说提出了二进制思想。当他第一次看到中国的《河图洛书》拉丁文译本时，惊呼"这是一个宇宙最高的奥秘"，连连称赞中国人太伟大了，当即给太极阴阳八卦起了一个西洋名字："辩证法"。莱布尼兹对辩证法的论述深刻地影响了伊曼努尔·康德，使康德成为辩证法的奠基人和阐发者。

黑格尔师承康德，把老子学说看成真正的哲学，将老子所说的"一生二，二生三，三生万物"发挥得淋漓尽致，使其哲学逻辑合理、充满生气、理论新奇、论述动人。黑格尔研究每一个命题，都完全按照太极图的正（阳）反（阴）合（中）的三维形式，创立了三段式解读法。

德国哲学家海德格尔更是把老子的"道"视为人们思维得以推进的渊源。海德格尔认为老子与自己的思想很吻合，他将老子"孰能浊以静之徐清？孰能安以动之徐生"的字句挂于墙、悬于壁，是老子的忠实信徒。尼采认为《道德经》像一个永不枯竭的井泉，满载宝藏，放入汲桶，唾手可得。

英国著名哲学家罗素到中国访问时，有人向他介绍了《道德经》中几段文字后，他极为惊叹，认为两千多年前能有这么深邃的思想，简直不可思议。

科学界　《道德经》被海外学者视为至宝，不少诺贝尔奖获得者和著名科学家把自己的科学发现归功于老子这个东方圣人的启示。

日本学者汤川秀树说："早在两千多年前，老子就已预见到了未来人类文明所达到的状况。"

美国学者卡普拉惊奇地发现了道家哲理与高能物理现象的吻合，他在《物理学之道》中说："中国的哲学思想，提供了能够适应现代物理学新理论的一个哲学框架，中国哲学思想的'道'暗示着'场'的概念，'气'的概念与量子'场'的概念也有惊人的类似。"

诺贝尔奖获得者物理学家李政道在观察物质微观世界时，竟然从《道德经》里寻找到了理论根据——量子力学中一条很基本的"测不准原理"与老子所说"道非道，非常道"颇有相合之处。

著名数学家陈省身说："1943年，我在美国认识爱因斯坦。他书架上的书并不多，但有一本很吸引我，是老子的《道德经》德文译本。西方有思想的科学家，大多喜欢老庄哲学，崇尚道法自然。"

进入贝尔实验室，一进大门就可以看到"无为而治"四个大字。

思想界　孔子见老子后赞叹道："吾今日见老子，其犹龙邪！"

庄子钦服曰："关尹、老聃乎，古

之博大真人哉！"

胡适说："老子是中国哲学的鼻祖，是中国哲学史上第一位真正的哲学家。"

南怀瑾说："《道德经》是讲道的，中国文化上下五千年其实都来源于这个'道'，中国文化的中心要点就是一个'道'字。"

北大教授张维迎推荐美国政治家读两本书，一本是美国独立那一年出版的亚当·斯密的《国富论》，理解自由贸易的重要性；另一本则是中国古代老子的《道德经》。

名著荐读

丹尼尔·笛福：《鲁滨孙漂流记》

18世纪欧洲最杰出的思想家卢梭曾建议：每个成长中的青少年，尤其是男孩子都应该读一本书，即英国作家丹尼尔·笛福著的《鲁滨孙漂流记》。

小说最吸引人的地方就是鲁滨孙的性格。他敢于冒险，敢于追求自由自在、无拘无束的生活。即使流落荒岛，也决不气馁。在荒无人烟、缺乏最基本的生活条件的小岛上，他孤身一人，克服了许许多多常人无法想象的困难。以惊人的毅力顽强地活了下来。鲁滨孙的所作所为，显示了一个硬汉子的坚毅性格和英雄本色。在西方，"鲁滨孙"已经成为冒险家的代名词和千千万万读者心目中的英雄。

鲁滨孙这样说："我的脾气是要决心做一件事情，不成功决不放手""我会尽力而为，只要我还能划水，我就不肯被淹死，只要我还能站立，我就不肯倒下……"苦难对于一个弱者来说是万丈深渊，而对于强者来说则只是一块垫脚石。作为一个人，应学会生存，向人生的光明看齐。当我们面对残酷的现实时，要坦然接受，不要逃避，更不能放弃。每个人的成长历程中都会经过挫折的难关，有人在困难的大门前倒下，有人虽然走进了挫折之城，但经过几番搏斗，终于成功地走出来了。

风雨中，有人不曾哭泣，不曾抱怨，终于雨过天晴见彩虹，拨开云雾见天明，他们是成功的人，像鲁滨孙那样伟大。未来不是靠别人给予的，而是自己建设的，虽然途中遇到荆棘地，但他们会用镰刀开辟出一条道路来，在风沙中他们勇往直前，到达成功的彼岸。

在漫漫人生路上困难何其多。虽然有失败的痛苦，但更多的是成功的喜悦，相信自己能够击败困难，怀着一颗勇敢、坚强的心在自己的生命中刻上战胜挫折后的辉煌之页！

（一）
《鲁滨孙漂流记》故事梗概

鲁滨孙出身于一个体面的商人家庭，渴望航海，一心想去海外见识一番。他瞒着父亲出海，第一次航行就遇到大风浪，船只沉没，他好不容易才保住了性命。第二次他出海到非洲经商，赚了一笔钱。第三次又遭不幸，他被摩尔人俘获，当了奴隶。后来他划了主人的小船逃跑，途中被一艘葡萄牙货船救起。船到巴西后，他在那里买下一个庄园，做了庄园主。他不甘心这样平稳，又再次出海，到非洲贩卖奴隶。

这次，他的船在途中遇到风暴触礁，船上水手、乘客全部遇难，唯有鲁滨孙一个人幸存下来，只身飘流到一个杳无人烟的孤岛上。他用沉船的桅杆做了木筏，一次又一次地把船上的食物、衣服、枪支弹药、工具等运到岸上，并在小山边搭起帐篷定居下来。接着他用削尖的木桩在帐篷周围围上栅栏，在帐篷后挖洞居住。他用简单的工具制作桌、椅等家具，猎野味为食，饮溪里的水，渡过了最初遇到的困难。

后来，他开始在岛上种植大麦和稻子，自制木臼、木杵、筛子，加工面粉，烘出了粗糙的面包。他捕捉并驯养野山羊，让其繁殖。他还制作陶器等等，保证了自己的生活需要。虽然这样，鲁滨孙一直没有放弃寻找离开孤岛的办法。他砍倒一棵大树，花了五六个月的时间做成了一只独木舟，但船实在太重，无法拖下海去，只好前功尽弃，重新另造一只小的。

鲁滨孙在岛上独自生活了18年后，一天，他发现岛边海岸上都是人骨，也有生火的痕迹，原来外岛的一群野人曾在这里举行过人肉宴。鲁滨孙惊愕万分。此后他便一直保持警惕，更加留心周围的事物。直到第26年，岛上又来了一群野人，并带着准备杀死、吃掉的俘虏。鲁滨孙发现后，救出了其中的一个为他取名"星期五"。此后，"星期五"成了鲁滨孙忠实的仆人和朋友。接着，鲁滨孙带着"星期五"救出了一个西班牙人和"星期五"的父亲。

不久，有条英国船在岛附近停泊，船上的水手发生了叛乱，绑架了船长，把船长、船副等三人抛弃在岛上，鲁滨孙与"星期五"帮助船长制服了那帮水手，夺回了船只。他们把那位水手留在岛上，和船长一起带着鲁滨孙"星期五"等离开荒岛回到英国。此时鲁滨孙已离家35年。

后来，他在英国结了婚，生了三个孩子。妻子死后，鲁滨孙又一次出海经商，路经他住过的荒岛，这时留在岛上的水手和西班牙人都已安家繁衍生息。鲁滨孙又送去新的移民，将岛上的土地分给他们，并留给他们各种日用必需品，满意地离开了小岛。

（二）
《鲁滨孙漂流记》的艺术特色

第一，第一人称的叙事方式。小说采用了第一人称的叙事方式，所记叙和描写的一切事件和情景，都是主人公鲁滨孙亲眼所见、亲耳所闻、亲身感受或者亲身思考的。这样一来，鲁滨孙的历险故事就使读者既感到新奇，又觉得真实可信，如同身临其境，能主动融入小说其中。比如在鲁滨孙与病魔抗衡的时候，真实地描述了"我"在病痛中来自肉体和心灵的双重折磨和挣扎。通过"上帝惩罚了我，谁也不能来救我，谁也不能来听我的呼唤和呻吟了。我拒绝了上帝的好意，今天要为我自己的行为付出代价了"这样的心理表白，让读者看到，鲁滨孙也只是凡人一个，在他坚强如铁的外表下，也有一颗温柔善感的心。

第二，细致准确的细节描写。作者对鲁滨孙在荒岛上所进行的种种活动都叙述得有头有尾，把细节交代得非常清楚。比如写鲁滨孙漂流到孤岛醒来后，先是看到了海上很平静，然后开始寻找，继而看到了一艘小艇，甚至用视线测出小艇离他的距离有两里路。这些细节描写就像把鲁滨孙的眼睛变成了读者的眼睛，把鲁滨孙在海边看到的一切准确无误地传递到读者的脑海里，使文中描写的情节更为真实。又如鲁滨孙通过观察，很快地了解了羊的习性，知道了从哪个方位去接触羊，羊才不会跑。这些准确而真实的细节描写，容易感染读者，可以让读者了解到作者是生活的有心人，从而自己也能在平时多留心生活，仔细观察生活。

第三，清晰的结构，峰回路转的情节。小说的结构一目了然，思路非常清晰。全书以鲁滨孙冒险的经历作为线索展开，讲述他如何离家出走、逃脱海盗、流落孤岛，如何在孤岛恶劣的环境中生存，以及最后又是怎么样成为富翁、如何回到英国等。这些情节用一条线的形式引出来，使小说的结构非常紧凑、清晰。同时，在清晰的思路下，故事情节总是一波未平一波又起，让读者的心情也跟着心惊胆战。书中既流畅又峰回路转的情节，正如一条潺潺的溪流吸引着读者的眼球。比如写鲁滨孙在某一天突然听到了从海上传来几声枪响。原来是一艘经过的船。他赶紧生起火来，传递信号。可是，那艘大船却在自己眼前触礁沉没了，获救的希望再次破灭，鲁滨孙又被重新抛入了孤独的痛苦之中。这样的记叙方式在文中屡见不鲜，紧紧扣住读者的心弦，让读者在峰回路转之中体会小说的精彩所在。

第四，独具匠心的日记形式。小说在采用第一人称叙事方式的基础上，还采用了日记的形式。作者别有新意地以鲁滨孙的日记形式推动故事发展。"小说中附上鲁滨孙记录自己日常生活和心里所想的日记，更容易让读者对鲁滨孙的遭遇深信不疑，从而引起读者的共鸣，使读者融入小说中，体会主人公生活的艰辛。"而且，在小说中插入日记，可以让读者耳目一新，读者不会因为小说太长而觉得乏味，继而让读者对《鲁滨孙漂流记》的内容和思想有更深刻的印象。

第五，简明易懂的语言。读者对小说的理解不仅与内容、结构、叙事方式等有关，而且与小说的语言密切相关。小说的语言浅显易懂，用了很多日常用语，叙述流畅，表意清晰明了。就如作者在写鲁滨孙的日常生活时，都是用浅显易懂的话语来交代清楚的，如："整天忙于下海上船，去取船上的物品""早晨持枪去岛上巡察，打到母羊一只，它的羔羊随我回家，却不进食，只好杀了""将箱子、木板以及木排上的木板垒起来，在我周围做成屏障"，此类语言使作品能被更多的人读懂，从而扩大小说的影响面。

第六，描写深刻的人物心理。《鲁滨孙漂流记》一书在塑造主人公鲁滨孙时所用的一个很出色的手法就是心理描写。一系列的心理描写展示了鲁滨孙的思想变化，也在很大程度上揭示了他的性格特点。当鲁滨孙在海上遇难时，他认为"毫无疑问，我从此再也不会见到他们了"。仅这一句话，就准确地将鲁滨孙失去同伴后伤心、沉重的心情表现出来，同时也很好地烘托了他自感前途一片渺茫时的复杂心理。在写鲁滨孙开拓荒岛时，就写出了他前后从凄苦到快乐的心理变化。如"尽管我目前过着孤单寂寞的生活，但也许比生活在自由快乐的人世间更幸福"这句话充分地体现了鲁滨孙此时对孤岛的归属心理。这些心理描写，细腻而深刻，给我们留下了深刻的印象。

曹文轩：《草房子》

（一）

《草房子》是曹文轩的一部长篇小说。作品写了男孩桑桑刻骨铭心、终生难忘的六年小学生活。六年中，他目睹或直接参与了一连串看似寻常却催人泪下、感动人心的故事：少男少女之间毫无瑕疵的纯情，不幸少年与厄运相拼时的悲怆与优雅，残疾男孩对尊严的执着坚守，垂暮老人在最后一瞬间所闪耀的人格光彩，大人们之间扑朔迷离且又充满诗情画意的情感纠葛……这一切，既清楚又朦胧地展现在少年桑桑的世界里。这六年，是他接受人生启蒙教育的六年。

《草房子》是一个美好的所在，它让我们想起浪漫、温馨、遥远，想起浪漫的童话。当我们走近曹文轩为我们搭的"草房子"时，我们确实被这样一种气息所弥漫。作者以优美的文笔，写了离我们已远去的小学生活，这种看似平常实则并不简单的生活，我们的时代未必经历过，但无疑我们都能从中体悟得到，那种发生在还未长大却向往长大的少男少女之间的纯真故事，有许多懵懂，但也是必然。

作品格调高雅，由始至终充满美感，叙述风格谐趣而又庄重，整体结构独特而又新颖，情节设计曲折而又智慧。荡漾于全部作品的悲悯情怀，在人与人之间的关系日趋疏远、情感日趋淡漠的当今世界中，也显得弥足珍贵、格外感人。通篇叙述既明白晓畅，又有一定的深度，是那种既是孩子喜爱也可供成人阅读的儿童文学作品。

（二）

唯美是《草房子》的基调，作品最使人感动的那种美感，是作者用自己的人生感悟和浓浓的怀旧情结酿造出来的。

一切都是美的，即使物质的贫乏，即使病痛的缠绕，即使灾难的降临……再悲惨的事情在作者的笔下都有美的力量。小说写的是中国20世纪五六十年代少年的故事，那时正是中国最贫困的时期，但作者笔下没有满眼的荒凉，没有满野的饿殍，没有人性的龌龊，但这并不是作者有意回避；他也写到了贫穷，但是他反映的是贫穷中人们的勤劳拼搏，追求人性的善良，甚至人性的无赖丑陋一面他也写到了，但那就像一粒沙子，终被大海包容。

苦难是一种美,在苦难中油麻地的孩子们成长着,成熟了,我们眼前总是闪现着一个个稚嫩却又坚毅的脸庞。甚至疾病也是一种美,抗争疾病的过程,疾病中人们的照应,无不体现出另一种人性之美。一度纠缠人心的桑桑的"肿瘤"、温幼菊的"药寮"是我读到的最美的疾病给人带来的情感体验。

弱不禁风的温幼菊拥有一个古朴的雅致的"药寮",一年四季飘逸着发苦的药香。当得知桑桑得了重病时,她把桑桑引进了自己的"药寮"。"药寮"中一只小巧的红泥小炉,土气粗朴的药罐配以优雅的壶嘴和别致的壶把,蒸汽一缕一缕地升腾,小屋里洋溢着一种让人头脑清醒的药香,她的神情宁静淡然,桑桑有一种温暖的感觉。在氤氲的淡蓝的蒸汽中,温幼菊幽幽地给桑桑讲述了小时候的重病,艰难地治病,奶奶一天一天的熬药,逝去时的"别怕"……桑桑的眼眶汪满眼泪,她缓慢而悠长地唱着"咿呀……呀",轻柔却又沉重,哀伤却又刚强。桑桑一连几个月在温幼菊"药寮"中喝着奇苦的药汁,耳畔萦绕的是温幼菊的悠长的无词歌,喝药成了一件悲壮而优美的事情。桑桑得到了平静和勇气,得到了世界上最美好的东西,在病重期间依然美好地去看待一切,去思考明天。

最后一章《药寮》写得沉郁,病愈后桑桑抓起那支发烫的猎枪高高地对着天空放响七枪之后而放声大哭,吸取了他人生最初启蒙的营养,让人读后心里发沉,一种略带忧郁的情感,一种辉映着再不仅仅是湛蓝天空一样的眼神,一种只有融合着文学色彩才有的人生蕴藉,雾一样、音乐一样弥漫开来,曲终不尽。

(作者:蔚蓝天)

图书在版编目（CIP）数据

语文来了. 2 / 张伟忠主编. —济南：济南出版社，2018.1
 ISBN 978 – 7 – 5488 – 2947 – 8

Ⅰ.①语… Ⅱ.①张… Ⅲ.①中学语文课—初中—教学参考资料 Ⅳ.①G634.303

中国版本图书馆 CIP 数据核字（2018）第 004611 号

本书部分文字与图片作者无法取得联系，在此深表歉意。敬请作者及时与我们联系，我们将按国家有关规定支付稿酬并赠送样书。联系电话：0531 – 86131713

出 版 人	崔　刚
项目策划	周家亮
责任编辑	宋　涛　班　经
封面设计	胡大伟
出版发行	济南出版社
地　　址	山东省济南市二环南路 1 号（250002）
发行热线	0531 – 86922073（省内）　0531 – 67817923（省外）
印　　刷	肥城新华印刷有限公司
版　　次	2018 年 1 月第 1 版
印　　次	2018 年 5 月第 1 次印刷
成品尺寸	170 mm×240 mm　16 开
印　　张	9.25
字　　数	139 千字
定　　价	32.00 元

（济南版图书，如有印装错误，请与出版社联系调换。联系电话：0531 – 86131716）